Anekdotenschatz

Kaiser Franz Joseph

Johannes Twaroch

Anekdotenschatz
Kaiser Franz Joseph

Kurioses,
Humorvolles und
Bemerkenswertes
über den
alten Kaiser

Alle Rechte vorbehalten
© Kral Verlag GmbH
J. F. Kennedyplatz 2, 2560 Berndorf, Tel.: 0660 – 435 76 04
E-mail: office@kral-verlag.at, www.kral-verlag.at

Für den Inhalt verantwortlich: Johannes Twaroch
Lektorat: Trude Helnwein, Thomas Speiss
Umschlag und Buchgestaltung: Tina Gerstenmayer, D&K Publishing Service
Schrift: Calibri Light, Candara
Bildbearbeitung: Nikolaus Übelhör
Erschienen in Berndorf im September 2016
ISBN 978-3-99024-467-8
Erste Auflage / Gedruckt in der EU

INHALTSVERZEICHNIS

Eine Traumfigur, in der sich jeder erkennt	7
Das soll ein Adler sein? Der hat ja nicht einmal zwei Köpf	11
Warum zwickt man den Zucker?	17
Am liebsten wär mir ein vollständig eingerichtetes Narrenhaus	24
Mir ist etwas eingefallen	37
Die Herren werden vielleicht schon wissen, wer ich bin	41
Die Mama sagt Bubi und die Leut sagen kaiserliche Hoheit	46
Verzeihung, ich heiß auch Prohaska	53
Es ist schwer zu sagen, was das dümmste ist	73
Sehr schön, die gelben Schuhe	83
Eigentlich auch nicht teuer	91
Das nennt man Popularität	100
Eine Mary Vetsera ist nicht abgängig gemeldet	103

Nicht einmal die Knöpf habens überlassen	107
Damals haben sie mich drangekriegt	111
Ein Kaiser hat andere Pflichten	117
Wo wohnt denn der Herr Hofrat?	119
Meinen Frack werde ich schicken	123
Unsere Ordensbänder sind farbecht	126
Einen hat man vergessen	132
Lernen brauchts nix	135
Ein Fass Pilsner für die Hoftafel	139
Meine Lippizaner sind mir lieber	143
Mit der Elektrischen zur Frontbesichtigung	148
Gekocht wird gemeinsam	157
Wecken Sie mich wie gewöhnlich	159
Wie lange dauerte der Dreißigjährige Krieg?	162
Literatur	165
Personenregister	169

EINE TRAUMFIGUR,
IN DER SICH JEDER ERKENNT

Hundert Jahre sind es her, seit Franz Joseph tot ist. Und je länger er tot ist, desto lebendiger wird er. Ausstellungen, Bücher, Fernsehdokumentationen, Ballveranstalter, Fremdenverkehrsvereine schwelgen in Nostalgie.

Was ist das Geheimnis, das diesen Kaiser weit über seine Epoche hinaus in den Herzen der Österreicher lebendig bleiben lässt?

Franz Joseph verkörperte eine einmalige Mischung aus imperialem Glanz und Volkstümlichkeit.

Sein Reich erstreckte sich von den Hängen des Böhmerwalds bis zu den Küsten der Adria und von den Ebenen Galiziens bis zu den Gestaden des Bodensees.

Die dreiundfünfzig Millionen Menschen, die in diesem Land lebten, gehörten elf verschiedenen Nationen und fünf unterschiedlichen Religionen an. Über allen und allem stand in majestätischer Würde der Monarch.

Zur Legende wurde er wohl auch, weil er achtundsechzig Jahre regierte. Genau waren es siebenundsechzig Jahre, elf Monate und vierundzwanzig Tage. Nur Frankreichs Sonnenkönig, Ludwig der Vierzehnte, hat in Europa länger geherrscht, nämlich zweiundsiebzig Jahre. (Die britische Königin sitzt vierundsechzig Jahre auf dem Thron.)

Was ist das Geheimnis seiner Volkstümlichkeit?
Zeichnung von Rudolf Angerer

Franz Joseph hat drei deutsche Kaiser, vier russische Zaren, zwölf französische Staatschefs und achtzehn amerikanische Präsidenten kommen und gehen gesehen. In seinem hohen Alter waren das Reich, das Robert Musil liebevoll-ironisch Kakanien und Fritz von Herzmanovsky-Orlando Tarockanien genannt hat, und sein Kaiser ident geworden.

Vergessen sind die Fehler, die Franz Joseph gemacht hat. Vergessen seine Misserfolge. Geblieben ist die Erinnerung an einen Herrscher, der als weiser, gütiger Vater wirkte. In den kleinen Dingen war sein Regime absolut korrekt und frei von Korruption. Allein durch sein Dasein hielt er die österreichisch-ungarische Monarchie zusammen.

In seinem privaten Leben war Franz Joseph von einer geradezu rührenden Bescheidenheit. Mit stoischem Gleichmut ertrug er die zahlreichen schweren Schicksalsschläge seines Lebens. Allgemein bekannt ist sein unermüdlicher Fleiß, der ihn ja fast in den Sielen sterben ließ. Bekannt ist seine große Höflichkeit gegen jedermann, die manchmal als Gefühlskälte ausgelegt wird. Jeder Österreicher erkennt sich in ihm wieder. Aber vollendet und in einer Noblesse, die er selbst kaum je erreicht. So ist er zu einer Art Traumfigur geworden, mit der jeder sich identifiziert.

***

Über den Kaiser durfte nicht gelacht werden. Und doch sind gerade über den populären Monarchen mehr Anekdoten in Umlauf als über irgend eine andere Persönlichkeit in Österreich. Die meisten zeichnen ihn als stocksturen, gefühlsarmen, ein wenig trotteligen Bürokraten, der freundlich winkte und die immer gleichen Worte leutselig und huldvoll an seine

Untertanen richtete. Das war er nicht. Nach allem, was wir von ihm wissen, war er ein einsamer, nicht einfacher aber keinesfalls einfältiger Mann. Leiser Humor, Ironie gegenüber sich selbst und seinen Mitmenschen waren ihm nicht fremd. Manche seine Aussprüche sind in den geflügelten Wortschatz eingegangen.

Franz Joseph hat in seiner 68jährigen Regierungszeit tiefe Spuren hinterlassen. Unter ihm ist Wien zur Weltstadt geworden. Er hat das allgemeine Wahlrecht auf den Weg gebracht und erste Grundlagen für den modernen Sozialstaat geschaffen. Vieles in Österreich und in Europa wäre ohne ihn anders gekommen. Man spricht heute zurecht von einem franziskojosephinischen Zeitalter. Mit dem alten Kaiser ist buchstäblich eine Ära zu Grabe getragen worden.

DAS SOLL EIN ADLER SEIN? DER HAT JA NICHT EINMAL ZWEI KÖPF

Sonntag, der 2. Dezember 1848, ist ein großer Tag. Nachdem die Revolution in Wien niedergeschlagen ist, verzichtet der geistesschwache und kranke Kaiser Ferdinand zugunsten seines achtzehnjährigen Neffen Franz Joseph auf den Thron.

Die Übergabe der Herrschaftsgewalt vollzieht sich nach den strengen Vorschriften der Etikette. Die goldbestickten Wandteppiche im erzbischöflichen Palais der mährischen Stadt Olmütz strömen feierliche Wärme aus, die venezianischen Kronleuchter zittern im Licht der Kerzen, auf dem scharlachfarbenen Samtpolster liegen Krone und Zepter. Im Saal herrscht atemlose Stille. Der jugendliche Kaiser lässt sich vor seinem Oheim auf die Knie nieder und beugt das Haupt. Die Spannung ist mit Händen zu greifen. Man beginnt sich zu räuspern. Ferdinand hat die programmgemäße Eidesformel vergessen. Kurz entschlossen umarmt er den kaiserlichen Nachfolger, streicht ihm segnend übers Haar und spricht die geflügelten Worte:

Bleib nur brav, es is gern gschehn.

*Der habsburgische Doppeladler –
eine heraldische Kopfgeburt*

Ferdinand litt an Epilepsie, dem Hinfallenden, wie die Wiener es nannten. Ein beziehungsreicher Name, der die Hinfälligkeit der Welt, den Defekt allen Seins ausdrückt. Dass er nicht jener Vollidiot war, als den ihn seine Zeitgenossen nicht selten verspottet haben, beweist allein schon die Tatsache, dass er seinem Neffen ein riesiges Vermögen vererbt hat, das Franz Joseph zu einem der reichsten Fürsten seiner Zeit machte.

Wegen seines sozialen Engagements und seiner Hilfsbereitschaft haben wohlmeinende Historiker ihm das Prädikat »der Gütige« verliehen. Daraus drehten die Wiener den Ausdruck »Gütinand der Fertige«. An den Stammtischen tuschelte man sich mit verschwörerisch hochgezogenen Brauen und wissendem Lächeln immer wieder aufs Neue genussvoll ausgeschmückte GschichterIn über den begriffsstützigen Nandl ins Ohr. Etwa von der Art:

***

Als die Südbahn bis zum Semmering verlängert war, so erzählte man sich, sah Ferdinand, dass in Gloggnitz eine zweite Lokomotive ans Ende des Zugs geschoben wurde. Er fragte nach dem Grund und erfuhr, dass sie mithelfe, den Zug über die Steigung zu bringen, und auf der Passhöhe abgekuppelt werde. Ferdinand dachte mit gerunzelter Stirn eine Zeit lang nach und staunte:

Aber da müssen ja schon hunderte Lokomotiven oben stehen.

Seit dem in seiner Wiener Neustädter Burg dahindösenden Kaiser Friedrich, dem Erfinder der bis heute nicht enträtselten Buchstabenkombination AEIOU, ist der doppelköpfige habsburgische Adler das Zeichen kaiserlicher Würde. Im Gegensatz zu Fabeltieren wie Einhorn, Drache, Greif und Basilisk, an deren Existenz man glaubte, ist er eine reine Kopfgeburt.

Eines Tages, so erzählte man sich, habe der Kaiser den Wunsch geäußert, auf die Pirsch zu gehen, er wolle um jeden Preis einen zünftigen Adler erlegen. Ein erfahrener Förster kannte ein Revier mit einem uralten, zahmen und halbblinden Adler. Den platzierte man auf einem niedrigen Ast, hinter dem Monarchen baute sich ein bewährter Schütze auf, um gleichzeitig mit der Majestät abzudrücken. Ferdinand hob die Büchse, zielte und feuerte. Der Forstadjunkt tat desgleichen. Puff! Programmgemäß stürzte das Federvieh. Kopfschüttelnd betrachtete der glückliche Schütze seine Strecke:

Was? Das soll ein Adler sein? Der hat ja nicht einmal zwei Köpf!

***

Gar so schwachsinnig, wie die Wiener meinten, war ihr Kaiser aber nicht. Er beherrschte fünf Fremdsprachen, interessierte sich für Botanik, auch ein Anflug von Ironie wird ihm nachgesagt.

Als er einst eine Festungsanlage inspizierte, deren Verbrauch an Tinte sich in der Buchhaltung in horrenden Zahlen niederschlug, starrte er lang auf eine weiße, leere Wand. Nachdem der Festungskommandant untertänigst fragte, warum er denn das tue, erwiderte der Kaiser: Auf Grund der astronomischen Rechnungen müsse wohl jede Mauer mit Tinte angemalt sein, er könne allerdings nichts davon entdecken.

Im Schönbrunner Affenhaus machte der Tiergartendirektor den Kaiser aufmerksam, dass eines der possierlichen Geschöpfchen besonders unternehmungslustig und unermüdlich herumspringe. Es sei erstaunlich, dass der kleine Körper diese Anstrengung aushalte. Darauf der Kaiser kühl:

Hats ihm wer gschafft?

***

Der abgedankte Kaiser zog sich mit seiner Frau in der Folge nach Prag auf den Hradschin zurück, wo er im dreiundachtzigsten Lebensjahr sanft verschied. Er beschäftigte sich mit Gartenarbeit, spielte Trompete oder zeichnete und bastelte herum.

Täglich spazierte er mit dem Grafen Bombelles, gefolgt von zwei Ehrengarden, über den Graben. Die Schüler des Jesuitengymnasiums machten sich einen Spaß daraus, schreiend und gaffend neben den vier würdigen Herren herzurennen. Schließlich schritt der Präfekt ein und drohte mit Karzer. Von nun an wichen die Buben auf die andere Straßenseite aus, wenn sie dem Kaiser und seiner Begleitung begegneten. Ferdinand beschwerte sich beim Prager Statthalter:

Genieße ich so geringes Ansehen, dass mir die Schulbuben nicht mehr nachlaufen?

Ich werde Ihnen einen Affen kaufen.
Kinderzeichnung von Franz Joseph

WARUM ZWICKT MAN
DEN ZUCKER?

Franz Joseph im Steckkissen: umsorgt, verwöhnt. Nach langen Verhandlungen mit dem zögerlichen Hofmedikus zum ersten Mal an die frische Luft geführt, von der Bellaria in den Kaisergarten – das ist natürlich ein Ereignis, über das man spricht. Bei der Rückkunft des Kinderwagens in die Burg tritt die Wache mit Trommelwirbel ins Gewehr: Bumbumbumm! Die Mutter, Erzherzogin Sophie, eilt ans Fenster und ist nicht wenig erstaunt, als sie sieht, wem hier die Ehre erwiesen wird. Lachend bemerkt sie:

Das scheint mir doch etwas zu viel für einen so kleinen Kerl.

Der zweijährige Bub spielt gern im Blumengarten von Schönbrunn. Er gräbt in der Erde, zupft Gräser, streut Sand herum und sich manchmal auf den Kopf. Nach einem solchen Spiel sieht er dementsprechend aus und muss eine langwierige Reinigung über sich ergehen lassen. Alles Schreien und Zappeln hilft nichts, er wird tüchtig eingeseift und gebürstet. Wenn die Prozedur vorüber ist und er sich ausgeweint hat, versichert er der Aja:

Franzi wieder brav.

***

Im März 1835 starb Franz Josephs Großvater, der gute Kaiser Franz. Das noch nicht fünfjährige Enkerl verwickelte seine Umgebung in endlose Fragen über den Tod:

Warum ist der Großpapa gestorben? Wird er mich vom Himmel aus sehen? Und wird er erkennen, was ich tue?

Die Mutter schnitt die Fragen summarisch ab mit dem Argument:

Was der liebe Gott tut, ist immer das beste.

Darauf das altkluge Kind:

Für uns wars aber nicht das beste.

Der fünfjährige Knirps befasste sich mit theologischen Fragen. Er konnte und konnte nicht verstehen, dass Jesus nicht ein von Gottvater verschiedener Gott ist. Seine Mutter Sophie versuchte ihm das Problem zu erklären. Zuletzt meinte sie abschließend:

Das kann niemand verstehen. Das muss man eben glauben.

Darauf der Bub:

Aber die Heiligen, die werden es doch begreifen.

Sophie war bereits ganz verzweifelt. Darauf sagte Franz nachdenklich:

Da hat Jesus ja zu sich selbst beten müssen, wie er auf Erden war. Weil er doch Gott ist, nicht wahr?

***

Bei Tisch sieht Franz Joseph zum ersten Mal, wie Würfelzucker zum Tee gereicht wird, den man mit einer Zange aus der Dose nimmt. Von Mitleid bewegt, fragt er:

Warum zwickt man denn den Zucker?

Als Erzherzogin Sophie mit ihrem Franzerl nach Unterach am Attersee kommt, wo sie sich immer wieder gern aufhält, besucht sie auch den Pfarrer. Der alte Herr arbeitet im Garten. Franz Joseph streckt ihm die Hand entgegen, aber der geistliche Herr winkt ab:

Verzeihung, kaiserliche Hoheit, i kann Ihnen mei Hand net gebn. Sie is schmutzig von der Arbeit im Boden.

Darauf steckt der Bub seine Rechte in die Gartenerde und sagt:

So, Hochwürden. Jetzt is meine auch schmutzig. Jetzt können wir uns die Hände geben, oder?

Mit fünf Jahren wurde der Erzherzog weiblichen Händen entzogen. Man unterstellte ihn einem Ajo. Die Wahl fiel auf den Grafen Bombelles. Der Vater des Prinzenerziehers war nicht nur General und Gesandter, sondern nach dem Tod seiner Frau auch noch Bischof geworden. Als er bei einem Empfang mit zweien seiner Söhne erschien, war dies dem Zeremonienmeister peinlich. Er konnte schlecht melden:

Der Bischof von da und da mit seinen Söhnen.

Diplomatisch zog sich der gewandte Hofmann aus der Affäre: Der Bischof Graf Bombelles mit den Neffen seines Bruders.

Weiblicher Führung war der kleine Erzherzog entwachsen. Dennoch unterhielt er sich gern mit seiner ehemaligen Aja, der Freiin Sturmfeder, seiner Ersatzmutter. Er fand, die Baronin sehe schlecht aus und kannte die Ursache:

Weil du so viel geküsst wirst. Ich jag immer alle Leute weg von dir, damit sie dich nicht küssen, weil das ist nicht gut.

Nach acht Schwangerschaften hatte die kaiserliche Prinzessin Sophie endlich ein lang ersehntes Mädchen zur Welt gebracht. Das Kind verstarb jedoch in jungen Jahren. Der kleine Franz tröstete seine Mutter:

Wissen Sie, Mama, ich werde Ihnen von meinem Taschengeld einen kleinen Affen kaufen, damit Sie sich mit ihm unterhalten können. Ein kleines Kind kann ich Ihnen nicht kaufen, aber einen Affen. Ja, das will ich tun.

***

Seit seinem sechzehnten Lebensjahr führte Franz ein Wirtschaftsbuch. Das monatliche Taschengeld betrug 160 Gulden, eine für damalige Verhältnisse horrende Summe (nach heutigem Marktwert etwa 2500 Euro). Ein Marinekadett erhielt ganze zwölf Gulden Sold.

Der Erzherzog kaufte sich unter anderem einen Hosenträger um 36 Kreuzer, nicht weniger als sechzehn Paar Handschuhe um 10 Gulden 40 Kreuzer und einen Jagdhut zum Preis von 5 Gulden 30. Die erzherzogliche Kopfbedeckung kostete somit fast die Hälfte des monatlichen Einkommens eines jungen Seeoffiziers.

Als Franz Joseph von seinem Onkel die Regierungsgeschäfte übernahm, war er achtzehn Jahre alt. Ehetauglich wurde er erst mit vierundzwanzig. Auf die Frage, warum ein König früher regierungsfähig als heiratsfähig sei, erklärte Staatskanzler Fürst Metternich:

Weil es leichter ist, ein Volk zu regieren als eine Frau.

Feldmarschall Radetzky hatte den Aufstand in Italien niedergeschlagen. Gefährlich blieb die Lage in Ungarn, wo Lajos Kossuth die Habsburger absetzte und sich selbst als Gouverneur installierte. In Budapest erschien ein Flugblatt, das den jungen Prinzen mit der politischen Wirklichkeit konfrontierte. In dem Libell hieß es:

Wer ist der König von Ungarn?

Der deutsche Kaiser von Österreich.

Wo wohnt der König von Ungarn?

In der deutschen Provinz Österreich zu Wien.

Wer ist ein Landesverräter?

Der Deutsche, denn er nährt sich von den Einkünften Ungarns.

Was ist die heilige Pflicht jedes Ungarn?

Er soll kein fremdes Joch tragen, selbst wenn es seinen letzten Blutstropfen kostet.

***

Als der achtzehnjährige Franz Joseph in der feschen Offiziersuniform seines Dragoner-Regiments in Prag die Hofkutsche bestieg, sagte eine Frau im Spalier der Neugierigen zu ihrem hoch aufgeschossenen Sohn:

Da, Wenzel, nimm dir ein Beispiel. Der ist mit achtzehn schon Kaiser. Und du liegst mit zwanzig noch immer deiner Mutter auf der Tasche.

Neben dem Fürsten Windischgrätz, der die aufständischen Städte Wien und Prag eingenommen hatte, und Feldmarschall Radetzky, der die Ordnung in den italienischen Provinzen hergestellt hatte, war der Banus von Kroatien, Josef Jellacic, beim Niederwerfen des Aufstands in Ungarn hervorgetreten. Als die Manifeste des Kaisers bald wieder mit dem gewohnten WIR, von Gottes Gnaden ... begannen, sagten die Wiener:

Wir ist ein passender Beginn. Das sind die Anfangsbuchstaben von Windischgrätz, Jellacic und Radetzky.

***

Viribus unitis, mit vereinten Kräften, so lautete der Wahlspruch des jungen Kaisers. Er schließt das Manifest, das die Auflösung des Reichstags verkündete. Aber das Zusammenhalten der auseinanderstrebenden Kräfte der Donaumonarchie war eine schwierige Aufgabe. Als das neue Regime den föderalistischen Verfassungsentwurf verwarf und an seiner Stelle wieder eine zentralistische Verfassung einführte, notierte der grantige Hofrat im Hofkammerarchiv Franz Grillparzer in seinem Tagebuch die bösen Zeilen:

Das viribus war länger schon in Zweifel,
nun geht auch das unitis noch zum Teufel.

Ein ungarischer Schneider, Janos Libeny, verübte aus glühender Begeisterung für den Freiheitskämpfer Lajos Kossuth auf den jugendlichen Kaiser beim Spaziergang vor der Bastei ein Messerattentat, das zum Glück glimpflich verlief. Zum Gedenken an die ruchlose Tat erstand vor dem Schottentor die Votivkirche. Das meuchlerische Individuum wurde auf der Simmeringer Heide unter großem Zulauf öffentlich gehenkt. Der Volksmund verbreitete hierauf den frivolen Spottvers:

Auf der Simmeringer Had hats an Schneider verwaht.
Es gschieht ihm scho recht: Warum sticht er so schlecht.

AM LIEBSTEN WÄR MIR EIN VOLLSTÄNDIG EINGERICHTETES NARRENHAUS

Am 24. April 1854 um sechs Uhr abends führte Franz Joseph seine Cousine, die bildschöne bayrische Prinzessin Elisabeth Amalie Eugenie aus dem Hause Wittelsbach, in die er sich in der kaiserlichen Sommerfrische Ischl Hals über Kopf verliebt hatte, zum Traualtar. Als Ausstattung bekam die sechzehnjährige Braut vierundfünfzig Kleider, sechs Schlafröcke, sechzehn Hüte, sechs Mäntel, 168 Hemden, zwölf davon aus Batist mit Valenciennesspitzen, 168 Paar Strümpfe von feinster Seide bis zu schwerer Winterwolle, zweiundsiebzig Unterröcke, sechzig Unterhosen und 120 Paar Handschuhe in allen Sorten und Farben.

Der Bräutigam erlegte eine Morgengabe von zwölftausend Dukaten, das war jenes Geld, das nach uraltem Barbarenbrauch für die verlorene Jungfernschaft zu überreichen war.

Bei der feierlichen Vermählung hielt des Kaisers ehemaliger Philosophielehrer Fürst-Erzbischof Josef Othmar Rauscher in der mit rotem Damast ausgeschlagenen Augustinerkirche im Beisein von mehr als siebzig Bischöfen und Prälaten eine mehrstündige, vielen Gästen endlos erscheinende Predigt. Die Wiener nannten ihn danach respektlos Kardinal Plauscher. Der wortreiche Kirchenfürst war ein hochgebildeter Mann, von dem sein Sekretär zu sagen pflegte:

*Ich bin erwacht aus einem Rausche.
Das kaiserliche Hochzeitspaar.
Lithographie von Eduard Kaiser*

Zur Entspannung lesen Eminenz nach dem Essen gerne Sophokles oder sonst etwas Leichtes.

Der Kosename Sisi, den die Namensträgerin nie leiden mochte, wird allgemein als eine durch kindliche Verballhornung entstandene Kurzform ihres Vornamens gedeutet. Ein bayrischer Archivar hat jedoch an Hand von Schriftproben nachgewiesen, dass in alten Dokumenten irrtümlich ein großes L als S gelesen wurde und der Kosename in Wirklichkeit ganz banal Lisi gelautet habe.

**

Die Ehe stand von vornherein unter keinem guten Stern. Die junge Kaiserin litt unter der Fuchtel ihrer herrschsüchtigen Schwiegermutter. In einem ihrer Gedichte klagte sie:

> Ich bin erwacht aus einem Rausche,
> der meinen Geist gefangen hielt,
> und fluche fruchtlos diesem Tausche,
> bei dem ich Freiheit! dich verspielt.

**

Am bittersten empfand sie, dass die resolute Erzherzogin Sophie auch ihre Kinder in Beschlag nahm. Als Erzieher des Kronprinzen Rudolf hatte sie den Grafen Gondrecourt, einen sturen Kommisknopf, gewählt. In seinem Eifer, das reizbare und nervöse Kind zu Mut und Geistesgegenwart abzuhärten, unterzog er es Kaltwasserkuren oder weckte es nachts durch Pistolenschüsse. Bei einem Ausflug in den Lainzer Tiergarten ließ er den Sechsjährigen an der Innenseite der Mauer stehen, rannte hinaus und rief:

Achtung, ein hungriges Wildschwein kommt!

Der Kronprinz bewies natürlich weder Geistesgegenwart noch Mut, sondern geriet in Panik und begann fürchterlich zu brüllen.

Eine Hofdame der Kaiserin und ein Dienstkämmerer führten eine Debatte über die unterschiedlichen Vorzüge ihrer hohen Herrschaften. Die Hofdame strich Elisabeth über alle Maßen heraus. Dem Kämmerer gingen allmählich die Argumente aus. Er wusste dem unerschöpflichen Redefluss seiner Streitpartnerin nichts mehr entgegenzusetzen. Zuletzt raffte er sich noch einmal auf und sagte strahlend:

Aber eins werden Sie mir doch zugeben müssen. Der Kaiser hat einen besseren Geschmack als die Kaiserin!

Giftig fuhr die Hofdame ihn an:

Was Sie da zusammenreden, is ja furchtbar. Wie kommens denn auf d i e Idee?

Jetzt hatte der Herr aus des Kaisers Hofstaat gewonnen:

Na, das werdens mir ja zugeben. Die Kaiserin ist doch viiiel schöner als der Kaiser!

***

Wie muss die im Bett aussehen?
Kaiserin Elisabeth,
Zeichnung von Franz Xaver Winterhalter

Die französische Republik entsandte stets besonders aristokratische Militärattachés an den Wiener Hof. Als neuer Vertreter traf Marquis de la Ville de Quiney ein. Bisher hatte er in Konstantinopel Dienst getan. Natürlich machte er auch der Kaiserin seine Aufwartung. Elisabeth hatte von einer osmanischen Prinzessin gehört, die als schönste Frau der Welt gerühmt wurde. Sie fragte also den Marquis, ob die türkische Prinzessin wirklich schöner sei als alle übrigen Frauen. Der Franzose antwortete galant:

Bevor ich Euer Majestät gesehen habe, war ich tatsächlich der Auffassung, sie sei die schönste.

***

Die fabelhafte Schönheit der Kaiserin wurde durch ihre schlechten Zähne beeinträchtigt. Ihr Zahnarzt war Adolf Zsigmondy, Chirurg und Professor der Zahnheilkunde an der Universität. Als er zum ersten Mal in die Hofburg kam, fragte man ihn, als er nach erfolgter Behandlung unangemessen abwartend verharrte, ob er noch etwas wünsche.

Ja, a Lavoir, a Saf und was zum Abtrocknen.

Ein Türsteher brachte Waschbecken und Seife, die Kaiserin reichte ihm ihr seidenes Taschentuch. Und machte den Vorschlag:

Lieber Professor, wenn Sie das nächste Mal kommen, waschen Sie sich bitte schon vorher die Hände, bevor Sie mir in den Mund fahren.

Mit Rücksicht auf die schlechten Zähne der Kaiserin kreierte der kaiserliche Leibkoch jene flaumige Köstlichkeit aus Eiern, Mehl, Milch, Rosinen und Zucker, die heute als Kaiserschmarrn (Omelette rissolée) bekannt ist. Emperor's Nonsense – so übersetzte das Wort ein unbedarfter texanischer Tourist seiner Begleiterin beim Demel am Kohlmarkt.

Die Geschichte vom Entstehen des Kaiserschmarrns, die einer meiner Kollegen uns aufzutischen beliebt, ist natürlich ein Schmarrn. Mit Käse hat die kulinarische Köstlichkeit nicht das geringste zu tun.

Von ihrem Vater, dem Herzog Max in Bayern, einem adeligen Bohemien, der immer im Bauerngwandl herumlief und sich gern als Kunstreiter produzierte, hatte Elisabeth die Pferdeleidenschaft geerbt. Von ihrem achtunddreißigsten bis zu ihrem fünfundvierzigsten Lebensjahr saß sie jeden Tag im Sattel, manchmal von zehn Uhr morgens bis sechs Uhr abends. Nur im Stall fühlte sie sich wohl, nur im Sattel war sie glücklich. Ihre reiterlichen Passionen waren allgemein bekannt, und so ging anlässlich der silbernen Hochzeit des Kaiserpaars folgendes Scherzwort um:

Anderswo feiert man die silberne Hochzeit nach fünfundzwanzig Jahren Menage (frz. Haushaltung). In Wien dagegen nach fünfundzwanzig Jahren Manege.

***

Sisi blieb der Nachwelt als jugendliche Erscheinung in Erinnerung. Sie litt unter krankhafter Magersucht. An manchen Tagen trank sie nur Suppe vom Saft ausgepresster Kalbsschlögel. Bei einer Körpergröße von 172 Zentimetern wog sie ganze 46 Kilo, das entspricht einem body-mass-Index von 16. Sie rauchte, und in die linke Schulter hatte sie, wohl aus Protest gegen das starre Hofzeremoniell, einen Anker eintätowiert. Ab dem fünfunddreißigsten Lebensjahr versteckte sie ihr Gesicht hinter Fächern und Schleiern, Porträtmalern und Fotografen ging sie geflissentlich aus dem Weg.

Es gibt nichts Grauslicheres, vertraute sie ihrem Tagebuch an, als nach und nach zur Mumie zu werden. Wenn man dann als geschminkte Larve herumlaufen muss – Pfui!

Mit zunehmenden Jahren zog die Kaiserin sich immer mehr von der Öffentlichkeit zurück. Ihr fünfzigster Geburtstag wurde in der *Neuen Freien Presse* gerade einmal mit sieben Zeilen erwähnt. Bei Spaziergängen hatte sie Scheu, jemandem zu begegnen. Sie trug einen dichten blauen Schleier, einen ungewöhnlich großen Sonnenschirm und einen überdimensionalen Fächer, den sie nicht einmal zu Pferd aus der Hand ließ.

Als nach überaus langem Pontifikat Papst Pius der Neunte starb, befand sie sich gerade in England. Sie war, wie so oft, gesundheitlich nicht ganz auf der Höhe. Deshalb ließ sie in den Parforcejagden eine Pause eintreten. Verschmitzt schrieb sie an den Kaiser:

Da ich nun einige Tage nicht reite, werden die Leute sagen, es sei wegen des Papstes. Das macht sich sehr gut.

Häufig hielt sich die Kaiserin in London auf. Die Herzogin Mary von Teck, die spätere Königin von England und Irland, beeindruckte sie auf besondere Weise. An ihren Mann berichtete sie von dem Besuch:

Sie ist kolossal dick. Ich habe so etwas noch nie gesehen. Ich dachte mir die ganze Zeit: Wie muss die im Bett aussehen?

Ihre Jagdaufenthalte im rebellischen, katholischen Irland waren eine Provokation für das protestantische Königshaus. Auf die Frage eines britischen Lords, warum sie denn so oft auf die grüne Insel reise, das sehe man in London höchst ungern, erwiderte Elisabeth schnippisch:

Wissens, mein Lieber, Irlands größter Vorteil liegt darin, dass es keine schnöseligen Aristokraten besitzt, die man andauernd besuchen muss.

Als die Kaiserin einige Wochen auf der englischen Insel Wight verbrachte und dort nicht nur reiten, sondern auch baden wollte, wurde sie bis an den Strand verfolgt, weil die Schaulustigen annahmen, dass sie die schöne Empress of Austria wenigstens von fern als Badenixe würden bewundern können. Aber Sisi war es nicht wirklich, die vor den Augen aller ins Wasser stieg. Sie hatte ihre Friseurin Fanny Faifalik gebeten, ihre Stelle einzunehmen. Sie selber schwamm in einer anderen Bucht der Coloured Cliffs unerkannt weit ins Meer hinaus.

Elisabeth verbrachte einige Tage in Meran. Der Kaiser erkundigte sich brieflich, was er ihr zum herannahenden Namenstag schenken solle. Daraufhin erhielt er folgende Antwort:

Nachdem du mich fragst, was mich freuen würde, so bitte ich Dich entweder um einen jungen Königstiger (zoologischer Garten Berlin, drei Junge) oder ein Medaillon. Am Allerliebsten aber wäre mir ein vollständig eingerichtetes Narrenhaus. Nun hast Du Auswahl genug.

Die Kaiserin bereiste das Land der Pharaonen. Der österreichische diplomatische Agent in Kairo berichtete an den k.u.k. Minister des kaiserlichen Hauses:

Die pedestrische Leistungsfähigkeit Ihrer Majestät ist eine so bewunderungswürdige, dass es die ägyptische Geheimpolizei für unmöglich erklärte, der Allerhöchsten Frau anders als im Wagen zu folgen.

So oft sie konnte, weilte Elisabeth im Reich der Stephanskrone. Zweitausend Tage ihres Lebens verbrachte sie in ihrem Lieblingsschloss Gödöllő und unternahm stundenlange Ritte mit ihren ungarischen Anbetern. Einer von ihnen war der feurige Graf Gyula Andrássy, der einst als Revolutionär in Abwesenheit zum Tod verurteilt und begnadigt worden war. Über ihn notierte sie in ihrem poetischen Tagebuch:

> Ach! wie war der lieb!
> der hat mir treu gedient;
> wenn so etwas auf Erden blieb,
> der hätt' Bestand verdient!

Millionen beim Bankhaus Rothschild.
Kaiserin Elisabeth,
Illustration aus:
Allgemeine illustrirte Weltausstellungs-Zeitung (1873)

In Budapest war zu ihren Ehren ein rauschender Ball gegeben worden. Ganz erschöpft traf sie im Morgengrauen in Gödöllő ein. Sogleich wurde ihr vom Obersthofmeister Baron Nopcsa ein Schreiben überreicht. Elisabeth öffnete es und sah, es handelte sich um die Todesanzeige eines entfernten Onkels. Einen Augenblick war sie bestürzt, dann sagte sie:

Ich bin einfach zu müde. Ich werde morgen weinen.

Erzherzogin Gisela, die älteste Tochter des Kaiserpaars, hatte sich in Gödöllő mit dem bayrischen Prinzen Leopold verlobt. Dem Chef seiner Militärkanzlei, General Beck, teilte Franz Joseph das freudige Ereignis auf dezente Weise mit:

Ich bitte Sie, mir eine Regimentsinhaberstelle für meinen künftigen Schwiegersohn auszusuchen. Meine Tochter ist nämlich Braut.

Bei der Hochzeit wurde natürlich alles erdenkliche an Festlichkeiten aufgeboten: Cercle, Konzert, Diner und eine Aufführung im Schönbrunner Schlosstheater. Gespielt wurde der *Sommernachtstraum*. Elisabeth ätzte:

Wie kann man bei einem Brautabend ein Stück geben, in dem sich eine Prinzessin in einen Esel verliebt?

Der Schwiegersohn replizierte blauäugig:

Soll das vielleicht eine Anspielung sein?

Am 10. März 1880 erhielt die Kaiserin frühmorgens ein Telegramm aus Brüssel. Sie las es und wurde kreidebleich. Telegramme hatten immer etwas Aufregendes an sich. Beunruhigt fragte ihre Hofdame Marie Festetics nach dem Inhalt. Elisabeth:

Der Kronprinz hat sich mit der Prinzessin Stephanie von Belgien verlobt!

Gott sei Dank, meinte die Gräfin, dass kein Unglück mitgeteilt worden ist.

Tonlos sagte die Kaiserin:

Wolle Gott, dass es keines werden möge!

***

Elisabeths Leben fand ein tragisches Ende. Ein Anarchist erstach die schöne Kaiserin am Ufer des Genfer Sees mit einer Feile. Sie starb, wo sie sich am liebsten herumgetrieben hatte – weit weg von ihrem Ehemann und dem steifen Wiener Hof.

Nach dem gewaltsamen Tod seiner Frau machte der Kaiser eine erstaunliche Entdeckung. Als der Nachlass gesichtet wurde, fand man ein Vermögen von mehreren Millionen Kronen, das die Hohe Frau beim Bankhaus Rothschild hinterlegt hatte.

MIR IST ETWAS EINGEFALLEN

Franz Joseph war für seine Person ungewöhnlich genügsam und anspruchslos. Er schlief in einem eisernen Militärbett, aß und trank mäßig und verfügte über eine alles andere als aufwändige Garderobe. Die Beinkleider wurden gewendet, das wollene Unterleiberl hatte eingesetzte Flecken. Seine Lieblingszigarren waren lange, dünne Virginias, im Volksmund Wetscherln genannt.

Diese Einfachheit bezog sich aber nur auf ihn selbst. Ging es um Repräsentation, konnte nichts erlesen oder teuer genug sein. Einer der reichsten Monarchen Europas aß jahrein jahraus eine klare Rindsuppe, eventuell einem Leberknödel als Einlage, gekochtes Rindfleisch mit Gröstl und Spinat. Dazu trank er dünnen, nichtssagenden Landwein. Das Mittagessen nahm er auf seinem Schreibtisch zwischen Aktenstößen ein.

Für die persönliche Dienerschaft war als Anrede »Leg mich Eurer Majestät zu Füßen« vorgeschrieben. Ein Kammerdiener, der alte Hornung, ließ es sich bis zuletzt nicht nehmen, dem Kaiser das Mittagessen an den Schreibtisch zu servieren. Dabei glitt dem Achtzigjährigen einmal die silberne Terrine aus den Händen, und die Leberknödelsuppe ergoss sich über den Teppich. Bestürzt stammelte Hornung:

*Da liegen ja schon die Leberknödel.
Franz Joseph am Esstisch.
Zeichnung von Andreas Slama*

Bitte tausendmal um Vergebung: Leg mich Eurer Majestät zu Füßen.

Worauf Franz Joseph schmunzelnd feststellte:

Da liegen ja schon die Leberknödel.

Die meisten Mahlzeiten nahm er im Kreis irgendwelcher Gäste zu sich. Die Herren wurden aus der kaiserlichen Küche bewirtet. Der Hofetikette folgend, wurde dem Monarchen natürlich als erstem vorgelegt. Franz Joseph war ein rascher Esser. Er nahm von jeder Speise nur ein paar Bissen. Sobald er das Besteck aus der Hand legte, wurde augenblicklich der nächste Gang aufgetragen. Die dem Kaiser am nächsten sitzenden Gäste bekamen immerhin noch etwas auf den Teller. Die jungen Herren an den entfernteren Enden der Tafel sahen von den kulinarischen Köstlichkeiten so gut wie nichts. Das war allgemein bekannt. War jemand zur Hoftafel befohlen, speiste er vorher ausreichend im Hotel Sacher, um an des Kaisers reichgedecktem Tisch nicht leer auszugehen.

Der ungarische Ministerpräsident Graf Tisza ätzte:

Bei Franz Joseph kann man nach Herzenslust verhungern.

Die kaiserliche Küche unterstand einem Oberstküchenmeister mit einem ganzen Regiment von Helfern, Hoftafeldeckern, Silberputzern, Wäschebewahrerinnen und Strapaziermenschern. Für die Diners, bei denen bis zu dreitausend Gäste an der Tafel saßen, wurde in zwölf saalartigen Räumen unter der Burgkapelle aufgekocht. In riesigen Kupfertöpfen sotten jeweils vierzig Kilo Fleisch, ein kolossaler Bratspieß fasste bis zu fünfzig Stück Geflügel. Die Speisen wurden in holzofenbefeuerten Blechkästen durch die langen Flure zu den Tischen befördert.

Bei einem Essen saß Flügeladjutant Prinz Lobkowitz der Kaiserin gegenüber. Zerstreut spielte er mit dem neben seinem Gedeck liegenden Zahnstocher. Das Unglück wollte es, dass der Holzspan von seinen Fingern schnellte, in hohem Bogen den Tisch überquerte und genau in Elisabeths Teller landete. Die Kaiserin schüttelte sich vor Lachen. Franz Joseph fragte:

Ja was ist denn? Ich möchte mitlachen.

Der unglückliche Flügeladjutant blickte Elisabeth flehentlich an. Die neigte sich zu ihrem Mann und sagte:

Weißt du, es ist mir etwas – eingefallen.

***

Ein Potentat aus dem äußersten europäischen Südosten war des Kaisers Gast. Bei dem Galadiner gabs unter anderem im Marchfeld gestochenen Stangenspargel mit Schinken und Sauce hollandaise. Das Festessen wurde im Spiegelsaal des Schlosses Schönbrunn serviert. Der Potentat aus den balkanischen Bergen besah sich das edle Gemüse misstrauisch. Sodann zog er eine Stange kunstgerecht aus und warf den Rest hinter sich. In hohem Bogen klatschte die Schale auf einen der blitzblanken Spiegel.

Der Kaiser blickte auf, erkannte die Situation und warf seinerseits mit Schwung den holzigen Rest – patsch! – hinter sich. Er hätte es als taktlos empfunden, den Gast zu blamieren.

DIE HERREN WERDEN VIELLEICHT SCHON WISSEN, WER ICH BIN

Franz Joseph bereiste die Länder der Stephanskrone, unter anderem besuchte er die Stadt Debrecen. Als besondere Sehenswürdigkeit wurde ihm dort der Schädel des madjarischen Nationalhelden Franz Rákóczi gezeigt. Majestät bewunderte die völkische Reliquie gebührend und fuhr weiter. In Kecskemét wurde ihm wieder das Haupt des Kuruzzenkönigs präsentiert, in Pécs und in Pozsony desgleichen. In Temesvar hatte man sogar zwei Köpfe vorzuweisen. Auf die Bemerkung, dergleichen wäre doch etwas befremdend, erwiderte der Museumsdirektor:

Ober nain, Majestät, gor nix erstaunlich. Ainmal Kopf von große Rákóczi wie er jung und ainmal wie er ist bereits olt gewesen.

In Budapest erzählte Franz Joseph einem der ersten Magnaten des Landes von seinen Erlebnissen. Der lachte sehr, entrüstete sich nicht wenig und resümierte:

Olles Gauner, Majestät, wenn ich mir erlauben darf zu bemerken. Wirklich echt ist nur Schädel in ungarische Nationalmuseum. Und der, den ich hob.

Der ungarische Ministerpräsident Alexander Wekerle begleitete Franz Joseph auf einer Reise durch Transleithanien. Die Fahrt ging zu einem Dörfchen mit einigen Y im Namen, an dem angeblich das Grab des Hunnenkönigs Attila entdeckt worden war. Franz Joseph wunderte sich:

Mein lieber Wekerle, man hat mir doch unlängst in einem anderen Komitat die Fundstelle gezeigt. Welches ist denn jetzt das richtige Attilagrab?

Darauf Wekerle verbindlich:

Ganz wie Euer Majestät befehlen.

In der Station eines kleinen Örtchens wurde der Hofzug erwartet. Schwarzgelbe Fahnen, roter Teppich, Blaskapelle, Glockengebimmel. Die Honoratioren, in die ungewohnten schwarzen Anzüge gezwängt, standen vollzählig in Reih und Glied und schwitzten vor Aufregung. Der Zug fuhr ein, und dem Salonwagen entstieg, die milden Züge zu pflichtgemäßer Huld gespannt, der Kaiser. Trat salutierend auf den Bürgermeister zu, lauschte freundlich den gestammelten Begrüßungsworten und ließ sich die Honoratioren vorstellen:

Vizebürgermeister Fuxberger – Kaiser Franz Joseph; Gemeinderat Schlamadinger – Kaiser Franz Joseph; Gemeinderat Eimannberger – Kaiser Franz Joseph …

Einhalt gebietend hob der Kaiser die feine, schmale Greisenhand:

Ich denke, Herr Bürgermeister, die Herren werden jetzt vielleicht schon wissen, wer ich bin.

***

Die Tiroler blicken auf eine lange demokratische Tradition zurück. Seit Jahrhunderten saßen Bauern im Landtag. Unter ihnen ging der Spruch um:

Dass unser Landesherr, der Graf von Tirol, nebstbei Kaiser von Österreich ist, ehrt uns.

Anlässlich einer Truppenbesichtigung besuchte der Kaiser Innsbruck. Zu seinem Empfang war eine Kompanie Kaiserjäger angetreten. Als der Monarch die Kutsche verließ, stolperte er ein wenig. Prompt trat ein Kaiserjäger-Zugführer vor, bot Franz Joseph eine Faust und einen Unterarm und sagte respektvoll:

Halt di an, Herr Graf!

***

Egon Erwin Kisch, der rasende Reporter des *Prager Tagblatts*, war als Berichterstatter dabei, als der Kaiser das Prager Pankraz-Gefängnis besichtigte. Ein Gefangener begrüßte den Monarchen mit militärischem Drill: Hacken zusammenschlagen, Strammstehen, Salutieren.

Sehr gut macht er das, lobte der Kaiser. Wie lang muss er sitzen?

Lebenslang, Majestät. Franz Joseph wandte sich an den Gefängnisdirektor:

Dem Mann ist die Hälfte der Strafe zu erlassen!

Auch der Gefängnisdirektor schlug die Hacken zusammen. Nachdem die kaiserliche Kutsche davongerollt war, begann er mit den Mitarbeitern zu beratschlagen, wie man einem

*Föderalismus in Österreich.
Karikatur aus der Zeitschrift
Strachopud (Vogelscheuche) 1865*

Lebenslänglichen die Hälfte seiner Strafe erlassen könne. Kisch fand eine wahrlich salomonische Lösung:

Einen Tag sitzen, einen Tag frei, einen Tag sitzen, einen Tag frei ...

***

Die 53 Millionen Menschen, die in der k. u. k. Monarchie zusammenlebten, gehörten elf verschiedenen Nationen und fünf unterschiedlichen Religionen an. Es war nicht immer leicht, sie zusammenzuhalten.

Der Kaiser, dem Wohlfahrtseinrichtungen immer besonders am Herzen lagen, besichtigte das Wiener Blindeninstitut, das er aus seiner Privatschatulle unterstützte. Hofrat Mell, der Vater des Dichters, führte ihn durch die Räume. Der Kaiser war von dem Gezeigten hoch befriedigt. Zum Schluss trat er in eine Klasse, deren Zöglinge Freiplätze der verschiedenen Kronländer innehatten.

Das sind Kinder aus der ganzen Monarchie? fragte er.

Gewiss, Majestät, bestätigte der Hofrat. Der da – er wies auf einzelne Schüler – ist aus der Steiermark, der aus dem Trentino, der aus Galizien, der aus Salzburg, der aus Dalmatien, der aus Böhmen ...

Der Kaiser nickte, dachte an seine ewig streitenden elf Nationen, lächelte melancholisch:

Und vertragen sie sich?

DIE MAMA SAGT BUBI
UND DIE LEUT SAGEN
KAISERLICHE HOHEIT

Die Kaiserstadt an der Donau zählte ungefähr eine halbe Million Einwohner. Auf ein Haus kamen fünfundfünfzig Bewohner. Das größte Problem war die Beschaffung von Wohnraum. Zu Weihnachten 1857 befahl ein Handschreiben Franz Josephs den Abbruch der Stadtmauern und die Verbauung der Glacis. Die Ringstraße entstand, sechzig Meter breit, neun Kilometer lang, mit einer Allee von zweieinhalbtausend Bäumen. Der Maler Max Schödl, ein stadtbekanntes Original, konstatierte:

Die Ringstraßn is die schönste Straßn von der Welt. I kann drauf spazieren gehn, i kann aber a umdrehn, wann i will.

***

Als die Basteien demoliert wurden, um für die neue Prachtstraße Platz zu schaffen, wurde das für die Wiener zu einem besonderen Spektakel. Bei der Niederlegung der beliebten Löwelbastei hatten sich besonders viele Menschen angesammelt, darunter auch der Thronfolger Erzherzog Rudolf, sechs Jahre alt, mit seinem Erzieher. Animiert von den Aktivitäten ringsum drängte der Kleine nach vorn und begann, mit einer Schaufel eine Scheibtruhe zu beladen. Der Polier, dem der Kleine gefiel, fragte:

Wie heißt du denn, Bub?

Ohne Verlegenheit antwortete Rudolf:

Der Papa sagt Rudi zu mir, die Mama sagt Bubi. Und die Leut sagen kaiserliche Hoheit.

Das Verhältnis zwischen Franz Joseph und seinem Sohn war gespannt. Während es von seinem Vater hieß, er habe außer dem Dienstreglement der Monarchie nie ein Buch in der Hand gehabt, schrieb der Kronprinz heimlich Leitartikel für das *Neue Wiener Journal*, verfasste Reformschriften und versuchte sich gelegentlich als lyrischer Dichter.

Fünfeinhalb Jahre seines kurzen Lebens wendete Rudolf an das so genannte Kronprinzenwerk, eine enzyklopädische Darstellung der Habsburgermonarchie in Wort und Bild. Die Mitarbeiter, unter ihnen der ungarische Romancier Maurus Jokai, versammelten sich regelmäßig in der Stallburg. Ein Redakteur fragte Jokai unter der Hand, ob Rudolf tatsächlich, wie behauptet werde, perfekt ungarisch spreche.

Wos haißt perfekt? überschlug sich Jokai, spricht sich kaiserliche Hohait ungarisch so gut wie Bauer aus Pußta.

***

*Kronprinz Rudolf mit Schubkarren.
Hinter ihm, mit Zylinder,
der Großvater Erzherzog Franz Karl.
Zeitgenössische Zeitungsillustration*

Der aus Ostgalizien stammende Schriftsteller und Herausgeber Karl Emil Franzos war zu seiner Zeit eine hochangesehene Persönlichkeit. Seine ethnographischen Kulturbilder *Aus Halb-Asien* hatten starken Eindruck auf Kronprinz Rudolf gemacht, und er erkor ihn als literarischen Berater. Er lud den viel beschäftigten Mann zu sich, um ihn der Kronprinzessin vorzustellen.

Das Speisezimmer in der Wiener Hofburg war unfreundlich, düster und recht dürftig möbliert. Zwischen Braten und Mehlspeise forderte Rudolf seinen Gast auf, er möge sagen, ob er von der Schriftstellerei leben könne. Nach kurzem Nachdenken glückte Franzos die doppelsinnige Antwort:

So nicht, kaiserliche Hoheit!

***

Die Beziehung des Thronfolgers zur Frauenwelt dürfte Zeit seines Lebens angespannt gewesen sein. Erstmals die Hörner abgestoßen hatte er sich bereits als Vierzehnjähriger. In seinem Tagebuch notierte er akribisch sämtliche Annäherungsversuche und vermerkte die damit einhergegangenen Ausgaben:

Heute abends am Beginn der Kastanienallee in Schönbrunn ein blondes Fräulein lang gesprochen. Sie endlich angepackt, sie mir entwischt. Ich habe Kleider aufgehoben etc. 5 fl (Gulden) ihr heute gezahlt. Sie für morgen ½ 8 abends wieder vor den Stall bestellt. Morgen! Für 20 Gulden tut sie alles!

Auch von einer »Stalldirne von Profession« und der Tochter eines Fiakers mit Namen Leopoldine Pus ist in Rudolfs pikantem Tagebuch die Rede.

Wieder einmal war der Kronprinz bei seiner Freundin Mizzi Caspar in der Heumühlgasse unauffällig im Fiaker vorgefahren. Seine Gattin Stephanie, die von den Seitensprüngen ihres Mannes wusste, war ihm heimlich nachgefahren. Dann ließ sie aus der Hofburg eine Hofequipage kommen, die sich vor dem Haus aufstellen musste. Natürlich sammelten sich um das Gefährt Neugierige in Scharen. Als Rudolf das Haus verlassen wollte, sah er die Bescherung. Wutschnaubend rief er:

Welche Kanaille hat diesen Wagen herbestellt?

Die Umstehenden schadenfroh:

Ihre kaiserliche Hoheit, die Kronprinzessin!

Der junge deutsche Kaiser Wilhelm kündigte sich zur Antrittsvisite an. Franz Joseph nahm den Besuch entsprechend ernst. Dem Kronprinzen Rudolf, der mit Wilhelm manche Bettgespielin geteilt hatte, befahl er, seinem Cousin Franz Ferdinand, der sich gerade wieder einmal auf einer Jagd befand, zu schreiben, er möge zum Kaiserbesuch in Wien anwesend sein. Widerwillig verfasste der Kronprinz ein kurzes Billet. Am Schluss konnte er sich die hämische Bemerkung nicht verkneifen:

Bedaure Dich sehr, denn gute Hirsche sind schon besser als der deutsche Kaiser.

***

Aufmerksamkeit gegenüber Gästen war für den Kaiser eine Selbstverständlichkeit. König Gustav Adolf von Schweden kam zu Besuch nach Wien. Franz Joseph war Inhaber eines schwedischen Regiments. Er hatte auf diplomatischen Umwegen erfahren, dass einige Wochen vor dem Staatsbesuch in Schweden neue Uniformen eingeführt worden waren. Rechtzeitig ließ er durch einen Sonderkurier eine Offiziersuniform nach Wien bringen. Als der Hofzug mit dem schwedischen Königspaar am Bahnsteig vorfuhr, stand da der Kaiser in der funkelnagelneuen schwedischen Uniform. Der Gast wollte seinen Augen nicht trauen:

Överraskning! Schon in der neuen Uniform? Die hab ich selber noch nicht einmal!

Gern besuchte der eine oder andere Balkanfürst die Donaustadt. Die Herren waren meist in nicht unbeträchtlicher Geldverlegenheit. Für derartige Visiten trug die kaiserliche Privatschatulle sämtliche Kosten. Zu Ehren eines der Bergfürsten wurde, wie es bei Staatsempfängen unvermeidlich war, auch eine Oper zu Gehör gebracht. Der Fürst zeigte Anzeichen hochgradiger Interesselosigkeit. Das einzige, was ihm gefiel, waren die Mädchen vom Ballett. In der Pause fragte der Balkan-Häuptling zielstrebig und ohne jede Hemmung:

Was kann so ein Mädel kosten?

Der Kaiser war überfragt. Er wandte sich an einen der Herren seiner Umgebung. Der antwortete diskret:

Naja, ein paar hundert Kronen halt.

Der südöstliche Potentat gab sich entrüstet:

Was? Viel zu teuer. Um das Geld kriegt man bei uns schon eine echte Ehefrau.

Da wandte der Kaiser von Österreich seinen Blick gottergeben auf einen seiner Flügeladjutanten und murmelte:

Machens das irgendwie. Es geht auf meine Rechnung.

Wieder einmal befand sich ein Prinz von und zu Sachsen in Wien. Natürlich war alles aufgeboten, um dem Neffen des Kaisers den Aufenthalt so angenehm wie möglich zu gestalten. Ein in diesen Belangen erfahrener Rittmeister betreute das Nachtleben des Prinzen. Nach einem ausgedehnten Bummel durch die Vergnügungsviertel und eine Reihe von Nachtlokalen kehrten die Herren leicht beschwipst in die Hofburg zurück.

Am nächsten Morgen beim Frühstück fragte der Prinz aus Dresden den Kaiser:

Bitte, Onkel Franz, mir ist aufgefallen, dass es in Wien verhältnismäßig wenig Straßenmädchen gibt. Ich hätte nicht gedacht, dass die Wienerinnen so moralisch sind.

Der Kaiser sinnend:

Das wohl weniger. Aber die Konkurrenz der Amateurinnen ist für die gewerbsmäßigen Damen einfach zu groß.

***

Der Graben in Wien, jetzt eine mondäne Einkaufsstraße, galt seit Maria Theresias Zeiten als Treffpunkt käuflicher Damen, der Grabennymphen und ihrer Freier. Ministerpräsident Graf Taaffe, von einem längeren Aufenthalt in seinen böhmischen Gütern zurückgekehrt, registrierte mit Erstaunen deren Abwesenheit. Er erkundigte sich bei seinem alten Freund, dem Statthalter Graf Kielmannsegg, was es damit für eine Bewandtnis habe. Und erhielt die Antwort, man habe sie in Nebenstraßen verbannt, da sie mittlerweile so zahlreich geworden seien, dass niemand mehr die anständigen Hausfrauen von den gewissen Damen und Dämchen unterscheiden könne. Daraufhin Taaffe trocken:

Ja, du und die Polizei vielleicht. Unsereins schon.

VERZEIHUNG MAJESTÄT, ICH HEISS AUCH PROHASKA

Wiener Zentralfriedhof, Gruppe 33c, Grab 21. Hier schläft der k.u.k. General der Infanterie Anton Galgotzy. Achtundzwanzig blaue Violen blühen auf dem Grab, der Rest ist Gras. Der Wahlspruch Galgotzys war:

Alles was nicht so einfach ist wie eine Watschn, ist schlecht!

Der Mann hat mit Recht ein Ehrengrab.

Sein Vater war ein kleiner Dorfschullehrer in Siebenbürgen gewesen, der Sohn brachte es zum Generaltruppeninspektor und Geheimen Rat, sogar ein populärer Marsch ist ihm gewidmet.

Als Galgotzy im Alter von fünfundvierzig Jahren zum General avancierte, stand er vor der Notwendigkeit, sich eine neue Uniform mit roten Lampassen und Goldkragen machen zu lassen, was seinem spartanischen Wesen durchaus zuwider war. Also telegrafierte er aus dem fernen Galizien an die Heeres-Monturanstalt in Wien:

hersendet uniform für mittelgroszen general.

Die Schneider baten um Maßangaben.

stehen in der adjustierungsvorschrift, kabelte Galgotzy.

Die Schneider schneiderten die Uniform zur Sicherheit recht mittelgroß.

Gestohlen hab ich nix.
General Anton Galgotzy.
Kohlezeichnung von Alfred Gerstenbrand

Galgotzy war Garnisonskommandant in Sarajewo. In seinem Korpsbereich war eine Brücke gebaut worden. Mit viel geringeren Geldmitteln, als die Intendanz bewilligt hatte. Den ersparten Restbetrag schickte Galgotzy wortlos zurück. Man verlangte eine detaillierte Abrechnung. Galgotzy antwortete nicht. Man mahnte ihn ein zweites Mal, immer dringlicher. Galgotzy schwieg. Endlich, auf die dritte Urgenz, kam ein Zettel:

Erhalten 10.000 Gulden. Verbraucht 4220 Gulden. Rest 5780 Gulden.

Diese summarische Abrechnung genügte der hohen Intendanz nicht. Sie schickte den Zettel zurück mit dem diensthöflichen Ersuchen um Detaillierung. Als der Dienstzettel wieder in Wien eintraf, trug er die lapidare Ergänzung:

Gestohlen hab ich nix. Galgotzy.

Immer noch gab sich die Intendanz nicht zufrieden. Mit neuerlichem Ersuchen um nähere Angaben wanderte der Zettel zum zweiten Mal an Galgotzy zurück, und von ihm zum zweiten Mal wieder an die Intendanz mit dem grantigen Vermerk:

Wers nicht glaubt ist ein Esel.

Der Generalintendant war unter keinen Umständen bereit, das Dokument anzunehmen, der Schriftwechsel wurde zuletzt dem Kaiser vorgelegt. Franz Joseph las die Abrechnung und glossierte lakonisch:

I c h   glaubs!

***

Bei einem Manöver führte der junge Erzherzog Leopold Salvator seine Truppen denkbar ungeschickt. Die Kritik des alten Haudegens fiel dementsprechend aus:

Die gestellte Aufgabe kann vernünftigerweise auf zweierlei Art gelöst werden. Entweder so oder so. Kaiserliche Hoheit haben eine dritte gewählt. Ich danke, meine Herren!

***

Juli. Kaisermanöver. Galgotzy hält als Parteikommandant auf einem sonnendurchglühten Hügel Parade. Neben ihm Erzherzog Albrecht. Galgotzy schnauft vor sich hin und stöhnt endlich:

Kaiserliche Hoheit, sehr heißer Tag heute.

Dabei nimmt er das Halsstreiferl ab und steckt es ein. Nach zehn Minuten knurrt er:

Kaiserliche Hoheit, eine Schandhitze hats.

Und öffnet den Waffenrock. Nach weiteren zehn Minuten ist Galgotzy krebsrot im Gesicht und bricht los:

Kaiserliche Hoheit, das is schon eine Sauhitz.

Worauf er den Waffenrock auszieht und bedächtig über die Kruppe seines Rosses breitet.

Aber Exzellenz. Ihr Waffenrock wird Schweißflecke bekommen, mahnt der Erzherzog.

Kaiserliche Hoheit – hat er schon.

Gebrechen, die für den Militärdienst in der k.u.k. Armee untauglich machten, waren:

Mangel einzelner wesentlicher Teile der Schädelknochen, Taubheit auf beiden Ohren, grauer Star oder Erblindung beider Augen, Fehlen der Nase, stark entstellende, das Atemholen beeinträchtigende Missbildung der Nase oder des Mundes, gespaltener Rücken, Mangel an Gliedmaßen, falsche Gelenke, Fehlen des Daumens, Klump-, Hacken- oder Pferdefuß, Zwerggestalt und Taubstummheit. Puh!

Des Kaisers Leibfriseur war eines Morgens ganz durcheinander. Sein Sohn litt Gott sei Dank an keinem dieser Gebresten. Und sollte demzufolge nach Kaisersteinbruch eingezogen werden.

Was habens denn, Navratil? brummte der Kaiser. Gebens acht. Sie schneiden mir ja noch das Ohr ab. Was sinds denn so schusslig?

Der Figaro druckste herum, bis er damit herauskam: Der Bub soll ins Lager Bruck an der Leitha zum Kommiss eingezogen werden. Dabei braucht er ihn doch so notwendig im Geschäft. Würden kaiserliche Majestät vielleicht eine Möglichkeit ...?

Der Kaiser bedauernd:

Da kann ich leider nix tun. Habens keinen Bekannten, der einen Feldwebel kennt?

***

Der Schauspieler Szőke Szakáll war als Soldat der k.u.k. Armee in Pressburg stationiert. Einmal kam der Kaiser zu seiner Truppe zur Inspektion. Szakáll bat den Monarchen um ein Autogramm. Der Kaiser erfüllte den ungewöhnlichen Wunsch. Huldvoll fragte er den Rekruten nach Namen und Beruf.

Ich bin am Theater, sagte Szakáll.

Und, wollte der Kaiser wissen, was lieben Sie dort am meisten?

Antwort: Meine Kolleginnen!

Der Kaiser soll verständnisvoll gelächelt haben.

***

Kaisermanöver im Waldviertel. Bei der Begrüßung zog Franz Joseph einige Bauern ins Gespräch:

Von welcher Gegend sind Sie? redete er einen alten Bauern an.

Aus Zwettl, Majestät.

Aha, aus der kältesten Gegend des Waldviertels. Neun Monate Winter und drei Monate kalt, scherzte der Kaiser.

Das schon. Aber umso heißer schlagen die Herzen für eure Majestät!

***

Ein oberösterreichischer Bauer stellte sich auf der Dorfstraße zurecht, denn der Kaiser soll vorbeikommen. Stundenlang steht er geduldig neben vielen anderen. Sein Lebtag hat er keinen Kaiser nicht gesehen. Heute will er ihn anschauen in seiner Herrlichkeit, mit Zepter und Krone. Da fahren drei Wagen vorbei, die Leute schreien »Hoch! Hoch!« und winken. Und reden dann durcheinander:

Hast ihn gsehen?

Ungeduldig murrt der Bauer:

Was gehn mi die Wagen an? Den Kaiser möcht i sehn!

Die anderen lachen:

Du Dolm. Im ersten Wagen is er gsessen!

Was? Der Soldat mitm Kappl? Ein Soldat is er? Net amal der hat si loskaufa könna vom Militär?

***

Auf einer Reise durch Tirol nahm der Kaiser in Imst kurzen Aufenthalt. Ein alter, weißhaariger Veteranenhauptmann stand mit seiner Schützengruppe bereit. Er trat auf den Kaiser zu und fragte untertänig:

Bischt du der Kaiser?

Auf die Bejahung kommandierte er seine Kompanie:

Jetzt, Burschn, präsentierts! Der Kaiser isch da!

Der Kaiser kommt nach Kollerschlag! hieß es. Große Aufregung in dem oberösterreichischen Ort.

Tuts net viel reden, unterweist der Bürgermeister die Gemeinderäte. Da könnts net viel falsch machen. Am besten, ihr sagts auf alle Fragen: Wir wissens net. Das andere werd schon ich machen!

Gut, der Kaiser kommt, schreitet auf die Gruppe der wartenden Gemeindevertreter zu und fragt:

Sind die Herren aus Kollerschlag?

Wir wissens net, erschallt es im Chor.

Meint der Kaiser, die Ursache solch vorsichtiger Ausdrucksweise zu erraten? Schnell hakt er nach:

Die Herren sind wohl alle verheiratet?

Wir wissens net, ertönt es einstimmig.

Jetzt greift der Bürgermeister ein, doch das Lächeln im Gesicht des Kaisers bleibt.

**

Franz Joseph hatte ein außergewöhnlich verlässliches Personengedächtnis. Franz Lehár, Militärkapellmeister beim Infanterie-Regiment Numero 25 in Losoncz, genoss nach ersten Erfolgen als Komponist mancherlei Freiheiten. Nach der Premiere seiner Oper *Kukuschka* ließ er frühmorgens Dienst Dienst sein und die Schwadron allein ausrücken. Diesmal wurde er aber vom Oberst zur Rede gestellt:

Der oberste Kriegsherr hat dich draußen vermisst. Schade. Er hat dir nämlich seine Anerkennung für die neue Oper aussprechen wollen!

Jahre später kam einmal bei der Hoftafel das Gespräch auf Lehár. Worauf der Kaiser sofort einwarf:

Lehár? Das ist der Kapellmeister, der damals nicht ausgerückt ist.

Der Kaiser erschien unangemeldet in der theresianischen Militärakademie zu Wiener Neustadt und betrat einen Klassensaal. Er trug die Paradeuniform, zu der ein grüner Federhut gehört.

Weitermachen! befahl er und ließ sich in einer Bank nieder, um beim Unterricht zuzuhören. Den Federhut legte er auf das nächste Pult. Der Zögling, vor dem die kaiserliche Kopfbedeckung lag, konnte der Versuchung nicht widerstehen, streckte die Hand aus und zupfte ein Federl aus dem kaiserlichen Hut. Dann noch eins. Und noch eins.

Was tun Sie denn da? fragte der Kaiser.

Ein Andenken, stotterte der Missetäter.

Genügt Ihnen dazu ein Federl nicht?

Nein, Majestät. Jeder meiner Kameraden will eins.

Der Kaiser schmunzelte:

Da bleibt mir also nichts übrig, als Ihnen den ganzen Busch zu überlassen, sagte er und löste das Prachtstück vom Hut. Dann wandte er sich an den Professor:

Herr Hauptmann, jetzt müssen Sie schon die Güte haben, mir Ihre Kappe zu leihen.

Anlässlich eines Prag-Besuchs brachte eine tschechische Zeitung ein Foto des Kaisers auf einer der Moldau-Brücken mit der Bildzeile:

Procházka na mostě (Spaziergang auf der Brücke).

Prohaska ist in böhmischsprachigen Landen aber ein häufiger Familienname. Der Volkswitz griff die Doppeldeutigkeit des Wortes auf, und so wurde Franz Joseph hinter vorgehaltener Hand überall der alte Prohaska genannt.

Bei einer Armeeinspektion wurden dem Kaiser eine Reihe verdienter Veteranen vorgestellt. Leutselig stellte er die üblichen Fragen:

Wie heißen Sie? Wo haben Sie gedient? und so weiter.

Alles lief wie am Schnürchen. Plötzlich wollte einer seinen Namen nicht nennen.

Aber ich bitt Sie, redete der Monarch ihm zu, ein Soldat wird doch keine Angst haben. So sagen Sie's doch.

Der Veteran würgte an der Antwort, stotterte herum und platzte endlich heraus:

Verzeihung, Majestät, haiß ich auch Prohaska.

***

Franz Joseph, der unter seinen vielen Titeln auch den des Königs von Jerusalem trug, inspizierte das jüdische Städtchen Brody an der galizisch-russischen Grenze. Auf dem Marktplatz wurde er von der gesamten Bevölkerung begrüßt. Ein General aus seiner Begleitung bemerkte naserümpfend:

Nichts als Juden!

Richtig, bestätigte der Kaiser. Jetzt versteh' ich auch, warum sich meine Vorgänger unter anderem Könige von Jerusalem nannten.

Manöver in Galizien. Der alte Kaiser reitet mit seiner Suite dem nächstgelegenen Ort zu. Es kommt ihm eine Delegation der Judengemeinde entgegen, angeführt vom Gemeinde-Ältesten, der auf einem Polster den symbolischen Schlüssel vor sich her trägt und ihn dem Kaiser überreichen will. Der Kaiser hält an, nimmt die Huldigung entgegen und hört den hebräischen Worten, mit denen der Greis sie begleitet, bis zum Schluss aufmerksam zu. Als er das Zeichen zum Weiterreiten gegeben hat, wendet sich der nah hinter ihm reitende Graf Kaunitz an einen Herrn der Suite:

Hab kein Wort verstanden, was der alte Jud gredt hat.

Worauf der Kaiser sich umdreht und ihn mit mildem Lächeln zurechtweist:

Er hat ja auch nicht zu Ihnen gesprochen, mein lieber Kaunitz.

Für die armen jüdischen Bürger in den verschlafenen Schtetln weit im Osten der Monarchie, in Galizien oder in der Bukowina, war Wien ein gelobtes Land, ein fernes Paradies, von dem man träumte. Und der Kaiser in Schönbrunn eine große legendäre Figur.

Wie ist es dort, wo der Kaiser wohnt?

Da ist alles hell erleuchtet, da ist schön warm geheizt, da sind elegante Leute, da wird den ganzen Tag gegessen und getrunken.

Einmal hatte ein Mann aus dem Schtetl wirklich das Glück, nach Wien zu fahren. Er kam am Nordbahnhof an und ging durch die Praterstraße und sah das Café Produktenbörse und war überwältigt von so viel Pracht. Und ging hinein und fragte:

Der Kaiser schon da?

***

In der k. u. k. Armee dienten fast ein Dutzend Nationalitäten. Von jeweils hundert Soldaten waren 29 Deutsche, 19 Magyaren, 13 Tschechen, 9 Polen, 8 Ruthenen (Ukrainer), 7 Serbokroaten, 5 Rumänen, 5 Slowaken, 3 Slowenen und 1 Italiener. Die Kommandosprache war Deutsch. Sie umfasste achtzig Befehle wie Habt Acht! oder Rechts um!, die jeder Rekrut kennen und befolgen musste.

Erzherzog Albrecht, der älteste Sohn des Napoleonbezwingers, ein Onkel des Kaisers, kam als Divisionär nach Galizien. Der Ulanenwachtmeister bemühte sich lange und vergeblich, den ruthenischen Soldaten den Namen des neuen Chefs einzubleuen. Alles Sprachvermögen der Rekruten war beim Erlernen der deutschen Exerzierkommandos verbraucht worden. Da kam dem Wachtmeister ein rettender Gedanke:

Wenn euch Schwachköpfe der neue Herr Divisionär fragen wird: Wer bin ich? Wie heiße ich? Dann brüllt so laut, dass man es nicht genau verstehen kann: Erster Zug halbrechts!

Einmal reiste der Erzherzog Albrecht ins Reich der Stephanskrone, wurde begeistert empfangen und freute sich sehr. Nur eines wunderte ihn: Die Leute schrien immer: Vivat! Warum nicht Eljen, wie sie sonst doch pflegten?

Der Erzherzog befragte den Obergespan. Und der Obergespan antwortete ehrfürchtig:

Kaiserliche Hoheit, wir haben ihnen Vivat eingelernt. Denn warum? Wenn wir sie lassen Eljen schrein, schreiens immer: Eljen Kossuth!

Die k.u.k. Armee war ein Kosmos von bunt durcheinander gemischten Völkern. Dabei ging es naturgemäß nicht ohne Sprachschwierigkeiten ab. So rapportierte eines Tages der Adjutant einer Dragonerschwadron seinem vom Urlaub zurückgekehrten Kommandanten:

Herr Rittmeister, melde gehorsamst: Ein chinesischer Prinz der Schwadron zugeteilt und ein ungarischer Graf von den Husaren transferiert!

Kann der Chineser deutsch? schnarrte der Rittmeister

Der Chineser schon, meldete der Adjutant. Aber der Ungar nicht.

Das Königreich Böhmen war ein Land erbitterter politischer Kämpfe. Deutsche und Tschechen rivalisierten seit Jahrhunderten mit wechselndem Erfolg. Über nationale Fragen, vor allem die Sprachenfrage, stürzte mehr als ein Kabinett in Wien.

Staatssprache in Böhmen und Mähren war das Deutsche. Sprach ein Tscheche in einem Amt vor oder wurde er vor Gericht geladen, musste er sich im Umgang mit den Beamten einer Fremdsprache, eben des Deutschen, bedienen. Das war auf Dauer natürlich nicht haltbar. Ministerpräsident Graf Badeni verpflichtete also die Behörden, Eingaben in der Landessprache zu erledigen. Das führte zu Krawallen unter der Beamtenschaft. Darauf beziehen sich die beiden folgenden Episoden:

Einer hat den Weg verloren, kommt an ein Kloster und erkundigt sich auf deutsch:

Hochwürdigster Herr, können Sie mir bittschön ...

Der geistliche Herr zuckt die Achseln und sagt auf tschechisch, dass er nix versteht:

Nerozumi!

Der Fremde kratzt sein letztes Latein zusammen:

Reverendissime pater, est possibile mihi dicere ubi est via ...

Darauf der Pater:

No, a bissel deitsch kann ich schon.

Ein Ertrinkender treibt in der Moldau und schreit durchdringend:

Hilfe! Hilfe!

Ein Prager beugt sich über das Geländer und brüllt hinunter:

Hättens lieber schwimmen glernt statt deitsch!

Erzherzog Franz Ferdinand hatte für die Tschechen wenig über. Beim Empfang auf einem Bahnhof in Böhmen war die Beamtenschaft des Bezirks protokollgemäß in Uniform erschienen. Vor der Abfahrt des Zugs brachen die Versammelten in ein dreimaliges Hoch! aus. Aber auf böhmisch:

Slava! Slava! Slava!

Der Erzherzog war wütend:

Die Kerle haben entweder Hoch! zu rufen. Oder das Maul zu halten.

Auch der Kaiser war kein ausgesprochener Tschechenfreund. Die Sudetendeutschen – Deutschböhmen nannte man sie damals – liebte er aber ebensowenig. Sarkastisch bemerkte er:

Die Deutschböhmen haben den preußischen Charme und die österreichische Tüchtigkeit!

Erzherzog Eugen, ein Cousin Franz Josephs, unternahm eine Inspektionsreise durch Böhmen und Mähren. Der Erzherzog war ein geselliger Mann, der gern mit den kleinen Leuten plauderte. Seine Berater beschworen ihn, nur ja kein Thema anzuschneiden, das in den Kronländern Anlass zu einer Diskussion der Nationalitätenfrage geben könnte. Eugen sollte also mit der Bevölkerung ausschließlich über Harmloses parlieren wie etwa das Wetter. An diesen Rat hielt er sich, als er in einen bömischen Ort kam, der als besonders rebellisch galt.

Nun, richtete der Erzherzog das Wort an den Bürgermeister. Wie ist es denn mit dem Klima in Ihrer Gegend?

Worauf der biedere Ortsvorsteher Haltung annahm und untertänigst antwortete:

Also, Kaiserliche Hoheit, bittäscheen, habens mer zwei Klima hier in unsere Ort. Der eine is ein ganz anständiger Mensch. Aber der andere, der is a schwarzgelber Hund, a richtig schwarzgelber.

Im Regiment des Erzherzogs Johann Salvator diente Prinz Ferdinand von Coburg, der spätere Zar von Bulgarien. Der Prinz war alles andere als ein geborener Soldat, was ihn sein Chef entsprechend spüren ließ. Offiziersbesprechungen im Regiment pflegte der Erzherzog mit der Frage zu beenden:

Haben es alle Herren verstanden? Ja?

Und nach einer kleinen Kunstpause:

Auch Sie, Königliche Hoheit?

Eine deutsche Militärkapelle musizierte vor der Hofburg. Der Kaiser ließ den Kapellmeister vortreten, sprach ihm sein Lob aus und erkundigte sich:

Sagen Sie mir eines, müssen Sie im Kriegsfall außer den Instrumenten auch noch einen Tornister tragen?

Jawoll, kaiserliche Hoheit.

Und wenn es zu einem Rückzug kommt? Was werfen Sie zuerst weg? Die Instrumente oder den Tornister?

Der Musiker geistesgegenwärtig:

Das weiß ich nicht, kaiserliche Hoheit. Von einem Rückzug wird bei uns in Deutschland nicht gesprochen.

Die Schmelz im fünfzehnten Wiener Gemeindebezirk war der Exerzier- und Paradeplatz der Wiener Regimenter. Jahrelang hatten Offiziere und Mannschaften dort mit ihren Vorderladern den Krieg geübt.

Nachdem Preußen die Österreicher bei Königgrätz vernichtend geschlagen hatte, quittierte ein pensionierter General die Hiobsbotschaft kopfschüttelnd mit den Worten:

I versteh des net. Wos doch auf der Schmelz immer so gut gangen is!

An die Mauer der Hofburg pinselte man nachts Sprüche wie:

>Freiwillige ohne Knöpf,
>Minister ohne Köpf,
>ein Kaiser ohne Hirn,
>da müssen wir verliern. –

Und die Wiener jammerten: So ein schönes Militär hamma ghabt. Die bunten Uniformen, die Musik, die Helmbuschn, die Kavallerie. Eine Augenweide. Und was habens gmacht mit ihm? In Krieg habens es gschickt!

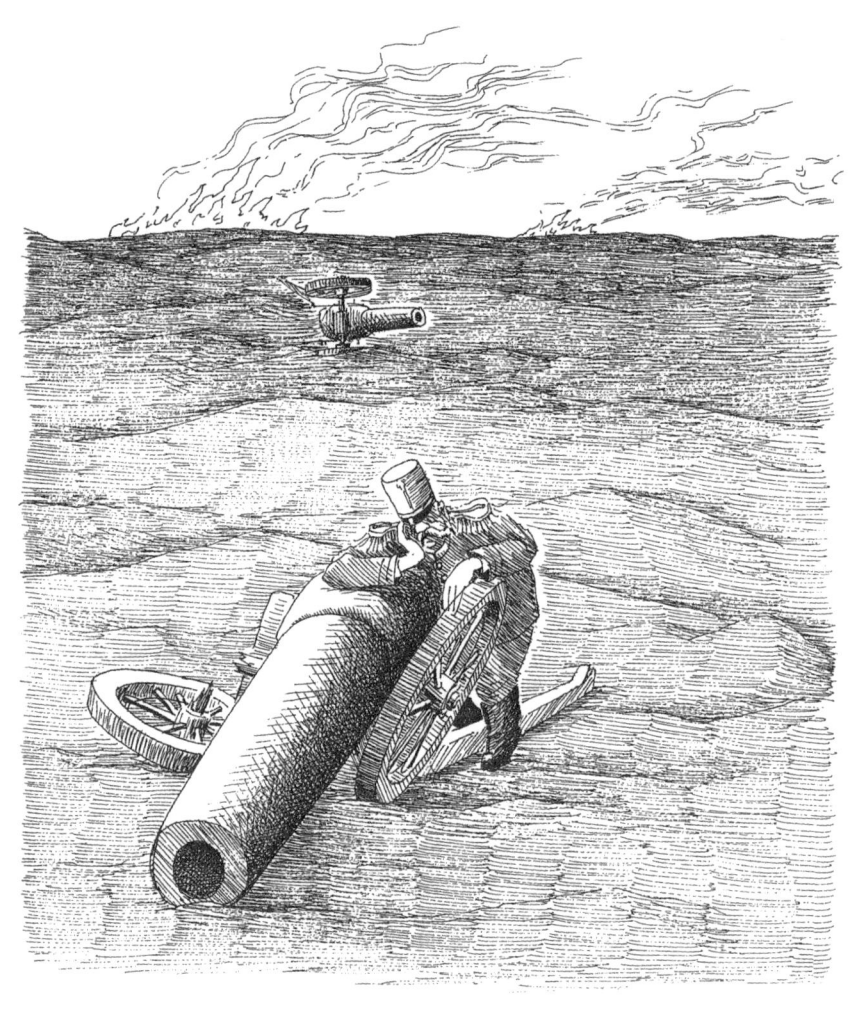

So eine schöne Armee haben wir ghabt.
Zeichnung von Dieter Zehentmayer

Für die Niederlage machte man neben der militärischen Unterlegenheit das politische Geschick Bismarcks verantwortlich. Dementsprechend schlecht zu sprechen war man in Hofkreisen auf den preußischen Ministerpräsidenten. Bei der Ischler Herbstjagd tratschte man:

Bismarck betrinkt sich jeden Tag mit Schnaps.

Worauf Franz Joseph erwiderte:

Ich wollte, meine Minister würden mehr trinken.

Die Wunde von Königgrätz war noch nicht verheilt, da reiste Franz Joseph zum Dreikaisertreffen mit dem russischen Zaren und dem deutschen Kaiser Wilhelm nach Berlin. Protokollgemäß musste er dabei eine preußische Uniform anlegen. Es kommt mir vor, jammerte er, als ob ich gegen mich selbst ins Feld ziehe.

Hiram Maxim, Konstrukteur einer nach ihm benannten Schnellfeuerkanone, bot der k.u.k. Armee seine Erfindung zum Kauf an. In Bruck an der Leitha befand sich ein Schießplatz, dort sollte er der versammelten Generalität seine neuartige Waffe vorführen. Der Kriegsminister Bylandt war natürlich auch dabei. Maxim schoss auf eine beträchtliche Entfernung – Zackbumm! – die Initialen F J des obersten Kriegsherrn in die Scheibe. Das machte allgemein einen guten Eindruck.

Sodann gab er Dauerfeuer und dachte, damit gewonnenes Spiel zu haben. Alles blickte erwartungsvoll auf den Kriegsminister. Doch der schüttelte bedauernd den Kopf:

Mein lieber Mister, sagte er, damit is nix. Da hätt ma ja in ein paar Minuten das ganze Budget verschossen.

Der k.u.k. Seeoffizier von Hurrm legte dem Marinekommando Rechnung über seine Dienstreise in Dalmatien. Von Seiten des Marinekommandos bemängelte man, dass er für den Gepäcktransport statt zweier Esel drei verrechnet hatte. Nach Meinung der zentralen Rechnungsstelle hätten zwei Esel vollauf genügt.

Lakonisch rechtfertigte der Seeoffizier von Hurrm den Mehraufwand mit dem Bemerken, man dürfe nicht vergessen, dass in Wien die Esel größer seien.

Der österreichische Botschafter in Istanbul, Graf Zichy, berichtete wichtigtuerisch nach Wien, er habe mit dem zu Besuch weilenden russischen Außenminister auf einem österreichischen Schiff im Goldenen Horn Spazierfahrten unternommen. Missmutig kritzelte der Monarch an den Rand des Berichts:

Und wer zahlt die Kohlen?

Als oberster Kriegsherr war Franz Joseph auch Befehlshaber der Kriegsmarine. Erzherzog Franz Ferdinand, seemännisch versiert, fragte einmal:

Du, Onkel, sag, warum tragst du nie eine Admiralsuniform?

Erstens ist mir nie ein Rang in der Marine angetragen worden, erwiderte der Monarch. Und zweitens könnt ich nicht einmal die Papierschifferln von meinen Enkerln im Ischler Brunnenbassin dirigieren.

ES IST SCHWER ZU SAGEN WAS DAS DÜMMSTE IST

Neben der Armee war die Beamtenschaft in ihrer breiten Hierarchie vom kaiserlichen Sektionschef bis hinunter zum letzten Amtsdiener eine tragende Säule der Monarchie. Der k.u.k. Beamte war kompetent, korrekt und absolut unbestechlich.

Eine brilliante Persönlichkeit war der Präsident des Reichsgerichts Doktor Josef Unger. Er hatte für jede Situation ein Bonmot parat, manche davon sind Allgemeingut geworden.

Unter Ungers Vorsitz tagte in Wien ein internationaler Juristenkongress. Gesellschaftlicher Höhepunkt war ein Empfang im Schloss Schönbrunn. Der Führer der schweizerischen Delegation schwärmte:

Wenn euer Kaiser noch ein paar Minuten mit mir gesprochen hätte, wäre ich am Ende noch Monarchist geworden.

Unger hinterbrachte die Bemerkung Franz Joseph, der kurz zuvor von einem Besuch aus der Eidgenossenschaft zurückgekehrt war.

Mein lieber Unger, schmunzelte der Monarch, wenn ich eine Woche länger in der Schweiz geblieben wäre, wäre ich am Ende vielleicht Republikaner geworden.

Am Ende wäre ich vielleicht Republikaner geworden.
Illustration aus:
Allgemeine illustrirte Weltausstellungs-Zeitung (1873)

Unger gehörte als Justizminister dem so genannten Doktorenministerium von Adolf Auersperg an. Franz Joseph kritisierte den geringen Zusammenhalt im Kabinett. Unger, vieldeutig lächelnd:

Majestät, wie sollen wir füreinander einstehen, wenn wir einander nicht ausstehen können.

Einer der bewährten Beamten, die das Staatswesen über alle politischen Wechselfälle hinweg intakt hielten, war der Sektionschef im obersten Rechnungshof Paul Schulz. Er entstammte einer jüdischen Familie und hatte sich unlängst taufen lassen. Auf einem der beliebten Concordia-Bälle zog Franz Joseph den Beamten in ein auffallend langes Gespräch. Ministerpräsident Taaffe, nervös und misstrauisch, wollte sogleich nachher wissen, wovon die Rede gewesen war.

Es war höchst privat, Exzellenz, antwortete Schulz kühl. Es ging um meinen kürzlich erfolgten Übertritt zum katholischen Glauben. Und Seine Majestät geruhten zu sagen: Wissens, was mich am meisten freut, lieber Sektionschef? Dass Sie noch immer so jüdisch ausschauen.

Der liberale Reichstagsabgeordnete Josef Neuwirth, Mitglied der Brünner Handelskammer, ein Mann von solider Intelligenz und großer Sachkenntnis, übrigens ein Großonkel von Bruno Kreisky, figurierte auf einer Ministerliste, die man dem Kaiser vorlegte. Bei jedem der Herren stand fein säuberlich die Religion vermerkt. Fast alle waren katholisch, nur neben Neuwirth stand das damals noch neue Wörtchen konfessionslos. Der Kaiser blickte irritiert auf:

Was heißt denn das?

Halten zu Gnaden, Majestät, der Mann gehört keiner Religionsgemeinschaft an.

Ah so is das. Da wär mir ja lieber, er wär ein Jud, entschied Franz Joseph. Und strich den Namen aus.

Es bestand ein Erlass irgendeines der zahlreichen k.k. Ministerpräsidenten, der aussagte, ein Staatsbeamter habe sich nach vierzig Dienstjahren in den Ruhestand zurückzuziehen. Der Statthalter der Steiermark, Graf Clary, hatte das entsprechende Alter erreicht. Er machte anlässlich einer Audienz in der Hofburg auf seine nunmehr abgelaufene Dienstzeit aufmerksam. Der Kaiser lachte:

Aber mein lieber Clary, wo denken Sie hin. Ein solcher Erlass, wenn er überhaupt besteht, gilt doch nicht für Männer wie Sie und ich.

Franz Joseph war ein Muster an Fleiß und Pünktlichkeit. Vom frühen Morgen an saß er als personifiziertes Pflichtgefühl am Schreibtisch, studierte und unterschrieb Akten. Dabei war er besonders genau, sowohl bei Formfehlern wie auch bei sachlichen Unrichtigkeiten. Da stand dann zu lesen: Sehr richtig; oder: So ist es! Oder: Unglaublich! Nicht genug an dem, verbesserte der Kaiser jeden orthografischen Fehler und ergänzte eigenhändig fehlende Satzzeichen.

Nicht einmal eigenes Schreibpapier besaß er. Für Notizen verwendete er die Rückseite der einlangenden Briefe. Mitteilungen an die Regierung kritzelte er auf die Respektränder ihm vorgelegter Gesuche, die er eigenhändig mittels eines Lineals von den Akten trennte.

*Franz Joseph am Schreibtisch.
Zeichnung aus Elisabeths Skizzenbuch*

Beim Vortrag nach Akten, die aus einer Reihe von losen Blättern bestanden, manipulierte der dickliche Generaladjutant Graf Paar so ungeschickt, dass sie in Gefahr gerieten, auf den Boden zu fallen. Franz Joseph hatte das fünfundsiebzigste Lebensjahr überschritten, und der Generaladjutant war auch nicht mehr der Jüngste. Der Kaiser kommentierte das Missgeschick mit den Worten:

Wir müssen Acht geben, dass keines der Blätter auf den Boden fällt. Denn Sie können sich danach nicht mehr bücken. Und wenn ich mich niederknie, kann ich nicht mehr aufstehen.

***

Im k.u.k. Finanzministerium war die Stelle eines Sektionschefs zu besetzen. Vorgeschlagen wurde nicht der rangälteste Ministerialrat, sondern ein rangjüngerer. Um dem Übergangenen die Pille zu versüßen, wurde für ihn die Verleihung eines Adelstitels beantragt. Die Präsidialbüros der Ministerien hatten in derartigen Dingen Übung. Nach angemessener Zeit kam das mit der kaiserlichen Entschließung versehene Exemplar des Antrags zurück. Der Kaiser hatte zugestimmt. Neben der Begründung der Adelsverleihung stand von der Hand des Kaisers mit spitzer Feder geschrieben:

Also ein Pflaster!

Wie ungezwungen einst junge Herren aus gutem Haus Karriere machten, hat der spätere Außenminister Graf Berchtold erzählt. Als er in den Staatsdienst eintrat, stellte sein Vater ihn dem Ministerpräsidenten Taaffe vor mit den Worten:

Mein Sohn hat eben die Aufnahmsprüfung bestanden, er tritt nun in den Staatsdienst ein und wird in Kürze Dein Nachfolger werden.

Worauf Taaffe seinem Schreibtisch eine Havanna entnahm und sie dem jungen Berchtold mit den Worten anbot:

Wenn das so ist, möchte ich mich rechtzeitig mit Ihnen gutstellen. Bitte, nehmen Sie eine Zigarre.

Graf Ottokar Czernin wollte im Außenamt unterkommen, doch Minister Goluchowski weigerte sich, ihn ohne Prüfung aufzunehmen. Czernins Schwiegervater, Fürst Kinsky, begab sich daraufhin zu Goluchowski ins Ministerium, drosch die Faust auf den Tisch, dass die Tintenfässer wackelten, und brüllte:

Was ist das für eine elende Protektionswirtschaft! Den einen nimmt man und den anderen nimmt man nicht?

Als der junge Baron Max Wladimir Beck, der künftige Ministerpräsident, in das Ackerbauministerium eintrat, stellte sein Vater ihn dem Präsidialchef vor.

Leider versteht mein Bub gar nichts von der Landwirtschaft, scherzte er.

Da wird er sich in diesem Haus wohlfühlen, antwortete der Präsidialchef. Bei uns im Ackerbauministerium versteht niemand was von der Landwirtschaft.

***

Es gibt keine Ex-Könige.
Karikatur von George Lion

Unter dem Einfluss seines geistlichen Erziehers Othmar Rauscher war Franz Joseph die Idee des Gottesgnadentums in Fleisch und Blut eingegangen. Es galt für ihn auch bei gekrönten Häuptern, die nicht mehr ihr Herrscheramt ausübten. Wie zum Beispiel König Milan von Serbien, der zugunsten seines Sohnes Alexander abgedankt hatte und seither in Wien im Exil lebte. Anlässlich eines Vortrags bezeichnete der Kabinettschef des Kaisers ihn als Ex-König. Der Kaiser fuhr ärgerlich auf:

Es gibt keine Ex-Könige. König bleibt König! Merken Sie sich das!

Die Kanzleidirektoren und sonstige beamtete Papiertiger hielten an der seit alters her überlieferten Form der Aktenbearbeitung mit eiserner Zähigkeit fest. Nichts und niemand konnte sie davon abbringen, den Dienstweg in den üblichen, gelegentlich höchst zeitraubenden Formen einzuhalten. Benötigte ein Aktenstück Monate oder länger, bis es der Erledigung zugeführt werden konnte, so spielte das keine Rolle. Auf diese Zustände anspielend, seufzte Franz Joseph:

Wie glücklich könnte Österreich sein, wenn es nur keine Hofrät hätte. –

Und gerade diese hat die Republik beibehalten.

***

Zu Franz Josephs Privatfonds gehörten die Kaiservilla in Ischl, die Hermesvilla im Lainzer Tiergarten, Schloss Wallsee und Ländereien um Persenbeug. Es drehte sich um die Frage, ob der Wienerwald Staatsbesitz oder persönliches Eigentum des Kaisers sei. Nach langem hin und her meinten die Experten, das Gebiet sei des Kaisers persönliches Eigentum. Im Prozess müsse dementsprechend entschieden werden. So weit ließ es Franz Joseph jedoch nicht kommen. Er empfahl:

Lassen Sie die Angelegenheit auf sich beruhen. Wenn die Richter zu meinen Gunsten entscheiden, würde das keinen guten Eindruck machen.

Vor einer heiklen Abstimmung über eine Gesetzesvorlage fragte der Kaiser seinen Jugendfreund, den Ministerpräsidenten Eduard Taaffe, wie sich wohl die Deutschnationalen des Georg Schönerer verhalten würden.

Majestät, antwortete Taaffe, es ist schwer, so aus dem Handgelenk zu sagen, was das dümmste ist, was man machen kann.

Der Kaiser hatte ein Todesurteil zu unterschreiben. Er steckte die Feder ins Tintenfass, da ließ sich eine Fliege auf dem schicksalsschweren Papier nieder. Der Adjutant verscheuchte das Tier, aber es kam beharrlich wieder, als wolle es die Unterschrift verhindern. Vergeblich schlug der Adjutant nach dem Störenfried.

Lassens doch das arme Viecherl, sagte der Kaiser. Und unterschrieb das Todesurteil.

SEHR SCHÖN,
DIE GELBEN SCHUHE

Franz Joseph lebte in der Hofburg und in Schönbrunn wie in einem goldenen Käfig. Das war auch der Grund, warum er sich alljährlich so sehr in seine Sommerresidenz in Ischl sehnte, dort war das Leben freier und ungezwungener für ihn. Dem Journalisten Mendel Singer gegenüber äußerte er:

Ja, Sie habens gut, Sie können ins Kaffeehaus gehen.

Während seiner achtundsechzigjährigen Regierungszeit verbrachte der Kaiser nur drei Sommer nicht in Ischl. Schon seine Mutter, die Erzherzogin Sophie, war als junge Frau wegen der empfängnisfördernden Wirkung der Solequellen auf Anraten ihres Arztes in das oberösterreichische Heilbad gekommen. Einheimische nannten ihre Söhne daher scherzhaft die Salzprinzen.

Sophies Gemahl, Erzherzog Franz Karl, feierte die fünfzigste Wiederkehr seines ersten Kuraufenthalts. Es gab ein Volksfest mit Hochamt, Blasmusik, Fackelzug und Feuerwerk. Am meisten freute sich der Jubilar über ein Transparent im Auslagefenster des Kaufmanns Weisshaupt. Es trug die Inschrift:

Gott geb ihm lange noch die Gnade
zu wandeln auf der Esplanade.

Franz Karl hatte bekanntlich zugunsten seines Erstgeborenen auf die Kaiserwürde verzichtet. Er war ein leutseliger Herr, der gern ohne Begleitung in den Bergen herumkraxelte. Einst traf er mit einem Bäuerlein zusammen, das ihn nicht erkannte und sich eingehend nach den persönlichen Verhältnissen das Stadtherrn zu erkundigen anfing.

Wo bist denn her?

Aus Wien.

Soso, aus der Kaiserstadt. Hast leicht den Kaiser schon gsehn?

Jeden Tag.

Ah da schau her. Hast leicht gredt aa mit dem Kaiser?

Ja, jeden Tag.

Gehst weida. Was is denn nacha dei Vater gwest?

Kaiser.

Dem Frager wurde schier ein bisschen Angst:

Pst, nicht so laut, ein Gendarm könnts hören. Kinder hast aa?

Gott sei Dank, ja.

Was isn dei Ältester?

Mei Franzl is Kaiser.

Und da Zweite?

Auch Kaiser.

Hast leicht an Brudern aa?

Ja, der war auch Kaiser.

Na und du? Was bist denn nachher du, wenn man fragen darf. Du bist aber ka Kaiser?

Nein, aber ich wär fast einer wordn.

Der Steirer lachte. So gut hatte er sich schon lange nicht unterhalten.

***

Herzog Max in Bayern, der Vater der künftigen Kaiserin Elisabeth – Franz Joseph hatte sich kürzlich mit ihr verlobt – reiste inkognito mit der Postkutsche von München nach Ischl, wo er den künftigen Schwiegersohn in Augenschein nehmen wollte. Ein Reisegefährte, dem Anschein nach ein wohlhabender Bürger, zog ihn ins Gespräch. Er wolle in Ischl seine Tochter besuchen, erzählte er, die sich demnächst in Wien verheiraten werde. Max gestand ihm, dass er in der gleichen Lage sei. Sein Gesprächspartner prahlte nun mit den guten Verbindungen, die er in Wien habe und die er nützen wolle, um seinen jungen Leuten weiterzuhelfen.

Vielleicht kenn ich sogar, sagte er, Ihren zukünftigen Schwiegervater und kann auch für ihn etwas tun.

Da lachte Max:

Wohl möglich, dass Sie ihn kennen. Aber ob Sie was für ihn tun können, kann ich nicht sagen.

***

In den ersten Jahren nach seinem Regierungsantritt sah man dem jugendlichen Franz Joseph seine kaiserliche Würde nicht an. Fratz Joseph nannten ihn die Leute. Er wohnte mit seinen Eltern im Seeauer Haus auf der Esplanade, die Kaiservilla war noch nicht bezogen.

Einmal saß er vor dem Haus auf der Bank, da gesellte sich ein wohlbeleibter Herr mit schwarzem Schnurrbart zu ihm und fing ein Gespräch an. Er bewirtschafte einen Gutshof in Ungarn und betreibe dort eine Schweinezucht. Durch den Genuss von allzuviel Paprika habe er sich ein Magenleiden zugezogen. In Ischl gebrauche er nun eine Molkenkur.

So, junger Herr, schloss er, jetzt wissen Sie wer ich bin. Nun sagen Sie mir auch, wer Sie sind!

Das belustigte den Kaiser so, dass er nicht gleich eine Antwort fand. Der Ungar wollte ihm weiterhelfen:

Sie sind Offizier, das sieht man an Ihrer Uniform. Sind Sie Fähnrich oder Leutnant?

Mehr, erwiderte der Kaiser einsilbig.

Also Oberleutnant. Oder Rittmeister?

Noch mehr.

Major? Oberst? General? Also sagen Sie mir doch endlich, wer Sie sind!

Oberster Kriegsherr.

Da klopfte ihm der Ungar gönnerhaft auf die Schulter:

Bravo, junger Mann. Weit gebracht!

***

Franz Joseph liebte Ischl und er liebte die Jagd. Mit vier Jahren hatte der kleine Prinz auf dem weihnachtlichen Gabentisch sein erstes Gewehr vorgefunden, den ersten Hirsch schoss er mit zwölf. Im Lauf seines Lebens hat er, wie das Hofjagdbüro akribisch registrierte, insgesamt 50520 Stück Wild erlegt, darunter 1436 Hirsche, 2051 Gämsen, 1442 Sauen, 7588 Hasen, 4597 Kaninchen, 18031 Fasane, 8350 Rebhühner und 1404 Wildenten.

Nur von seinem Büchsenspanner begleitet, streifte er durch die Reviere der Umgebung, traf mit Jägern oder Holzfällern zusammen und wechselte mit ihnen ein paar freundliche Worte. Bei einem Pirschgang am Fuß des Schafbergs trat ein Holzknecht auf ihn zu, die ausgebrannte Pfeife im Mundwinkel, und redete den Kaiser an:

Jaga, habts ka Feuer?

Franz Joseph unterbrach das Gespräch, das er mit seinem Begleiter geführt hatte, und kramte in den Taschen seiner Lederhose.

Gehts leicht auf an Hahn? fragte der Holzknecht.

Ja, warum?

Na, weil euch der Hahn was pfeifen wird, wenns so laut reds mitanander.

Sprachs, lüftete den Hut und stapfte weiter.

***

In seiner Jagdausrüstung war der Kaiser betont einfach, ganz aufs Weidgerechte bedacht. Genagelte Goiserer, Wollstutzen, eine kurze Lederhose, je abgetragener, desto lieber, grüne Weste, graugrüne Lodenjoppe, Filzhut mit Gamsbart oder Birkhahnstoß – so ging er auf die Pirsch. Hatte er Jagdgäste, so sah er bei ihnen gern eine ebenso bescheidene Aufmachung. Wer in auffälliger Kleidung kam, zog die kaiserliche Missbilligung auf sich. So der Generalstabschef Freiherr von Beck, der zur Ischler Jagd in neuen hellgelben handgenähten englischen Sportschuhen anrückte. Franz Joseph rollte die Augen:

Sehr fesch, diese gelben Schuh! Wirklich hübsch. Und so jugendlich.

Dem Jagdgast fiel offensichtlich der sarkastische Tonfall nicht auf. Am nächsten Tag erschien er wieder mit den neuen Schuhen. Abermals bekam er das Lob des Kaisers zu hören.

Sehr fesch, die Schuh. Wirklich schön!

Nun merkte er, wie es gemeint war. Von nun an ließ er die gelben Handgenähten zu Hause.

***

Vom Kaiser wird oft versichert, er habe nie im Leben eine Spielkarte angerührt. In Ischl erzählt man sichs anders. Nach den Jagden setzte sich Franz Joseph, wenn sich die Gelegenheit ergab, gern zu den Jägern. Man spielte Tarock, ein aufregendes Spiel, das zu so manchem Kraftausdruck hinreißt. So auch bei einem vom Hinterstoisser Bartl angesagten Pagat Ultimo, der Verpflichtung, mit dem niedrigsten Tarock den letzten Stich zu machen – den der Kaiser absticht. Darauf der zornentbrannte Jäger:

Teifi eini. Hot deis Luada no an Tarock drin!

Aufblickend, erkennt der Arme mit Entsetzen, wer da seinem Pagat an den Kragen gegangen war. Doch deis Luada lacht nur.

Am nächsten Tag schickt der Kaiser dem Hinterstoisser zur Erinnerung eine silberne Uhr.

Ischl hatte ein Kurtheater (heute als Kino genutzt), das stolz darauf war, zu seinen Vorstellungen immer wieder gekrönte Häupter begrüßen zu können. Franz Joseph besuchte es gern, meist in Begleitung von Mitgliedern der kaiserlichen Familie.

Einmal hatte der Kronprinz Rudolf sich verspätet. Die Vorstellung war bereits im Gang. Auf Zehenspitzen erschien er vor der Hofloge und raunte dem Logenschließer zu:

Ist seine Majestät schon da?

Der verbeugte sich diensteifrig und raunte ebenso unter Außerachtlassung des höfischen Zeremoniells:

Jaja, der Herr Papa is schon da!

Darauf der Kronprinz, empört über diese Respektlosigkeit:

Er ist wohl betrunken?!

Der Logenschließer, die Ruhe selbst, bedächtig:

Davon hab ich eigentlich nix bemerkt. Jedenfalls is er schön grad und aufrecht hineingangen.

In der Oscar-Straus-Operette *Ein Walzertraum* wird dem Prinzgemahl beigebracht, dass die Mitglieder einer regierenden Familie sich am besten aus den verschiedenen Affären von Besichtigungen und Festlichkeiten ziehen, indem sie sagen: Es war sehr schön, es hat uns sehr gefreut.

Der Kaiser war in Ischl, in seiner Sommerresidenz. Mit seiner jüngsten Tochter, der Erzherzogin Valerie, besuchte er den *Walzertraum*. Als die hohen Herrschaften das Theater verließen, gab ihnen der Direktor das Geleit. Die Erzherzogin begann:

Es war sehr schön ...

Hier stockte sie, ihr fiel ein, was sie soeben in der Operette gehört hatte.

Franz Joseph nahm ihr das Wort aus dem Mund:

Sag nur ruhig: Es hat uns sehr gefreut. –

Den berühmten Leitspruch des Kaisers kann man im Original auf einer uralten Schallplatte in der Akademie der Wissenschaften anhören.

Direktor Wild, Leiter des Kurtheaters, war des Öfteren besorgt wegen der bei den Vorstellungen nur schütter besetzten Zuschauerreihen. Nur wenn der Kaiser zu Besuch angesagt war, drängte sich alles an der Kassa. In diesem Fall wurde vor dem Eingang ein roter Teppich ausgelegt. Wild kam nun auf den Gedanken, den Teppich ausrollen zu lassen, auch wenn der Kaiser nicht angesagt war. Die Vorstellung war dann immer voll – und der Kaiser halt im letzten Augenblick verhindert. Die Praktiken des Direktors sprachen sich bald herum, man sagte:

Er lebt vom Teppich in den Mund.

EIGENTLICH AUCH NICHT TEUER

Die Geborgenheit, die der Kaiser an der Seite seiner unsteten Gattin nicht finden konnte, fand er in der Gesellschaft der Hofschauspielerin Katharina Schratt, der gnädigen Frau, wie sie bei Hof genannt wurde. Es war die Kaiserin selbst gewesen, die eine nähere Bekanntschaft mit dem Bühnenstar eingefädelt hatte.

Katharina Schratt war die Tochter eines Bäckermeisters in Baden bei Wien. Sie wollte um keinen Preis den ersten Gesellen ihres Vaters heiraten und ihr Leben lang hinter der Budel stehen und Semmeln verkaufen. Mit Siebzehn brannte sie durch und ging zum Theater. Der Kaiser sah sie zum ersten Mal in einer Galavorstellung zu seinem fünfundzwanzigjährigen Regierungs-Jubiläum als Käthchen in Shakespeares *Die Zähmung der Widerspenstigen*.

Im reifen Alter von achtundzwanzig Jahren wurde Katharina Schratt als jugendliche Naive ans Hofburgtheater verpflichtet. Sie war von der dortigen Atmosphäre tief beeindruckt.

Es ist alles so vornehm, staunte sie. Selbst der Souffleur sieht aus wie ein Graf.

*Katarrhina Schratt hat abgesagt.
Zeitgenössische Karikatur*

Es war Brauch, dass sich jedes neue Ensemblemitglied beim Kaiser persönlich bedankte. Zum Freundeskreis der frischgebackenen Hofschauspielerin gehörte der Sektionschef Schulz, ein Sohn des Theaterarztes. Bevor sie beim Kaiser zur Audienz erscheinen sollte, schärfte er ihr ein:

Merk dir eines, Kathi: Du darfst dich auf keinen Fall setzen!

Die Schratt erschien beim Kaiser in Schönbrunn, machte einen artigen Hofknicks und begann:

Euer Majestät geruhten …

Franz Joseph unterbrach sie:

Setzen Sie sich doch.

Unbeirrt begann die Schratt von neuem:

Euer Majestät haben geruht …

Ja, warum setzen Sie sich denn nicht? fragte der Kaiser. Darauf die Schratt:

Majestät, der Sektionschef Schulz hats mir verboten.

Nachdem ihre Beziehung zu Kaiser Franz Joseph enger zu werden begann, war Katharina Schratt immer wieder einmal gezwungen, ihr Auftreten im Burgtheater im letzten Moment abzusagen. Sie tat es mit stets wechselnden Begründungen wie Schnupfen, Husten, Heiserkeit und so weiter.

Einmal fand Direktor Wilbrandt nachmittags um fünf auf seinem Schreibtisch in der Direktionskanzlei einen Zettel vom Abendregisseur mit der lakonischen Mitteilung:

Katarrhina Schratt hat abgesagt.

Als leidenschaftliche Roulettespielerin war die Schratt ständig in Geldverlegenheiten. Immer wieder wurde sie gepfändet, ihre Gage ließ sie sich auf Monate im Voraus bezahlen. Fast regelmäßig musste sie Vorschüsse nehmen. Ihr Kollege Friedrich Mitterwurzer mahnte: Kathi, du bist hier am Burgtheater und nicht an einem Borgtheater.

Die attraktive Schauspielerin, die von ihrem Mann getrennt lebte, war in Liebesangelegenheiten von generöser Großzügigkeit. Stadtbekannt waren ihre Affären mit dem Grafen Wilczek, dem bulgarischen Thronerben Ferdinand, und mit den Bühnenkollegen Viktor Kutschera und Alexander Girardi. In Wien zirkulierte der Witz:

Habens schon ghört? Die Schratt is übergschnappt. Sie hat dem Franz Joseph gsagt, er ist der Erste.

Die Schratt war eine Tiernärrin. In ihren Wohnungen hielt sie bis zu sieben Hunde, drei Papageien und einen Javaaffen namens Gigi. Mit Vorliebe saß der einen Meter große Affe auf dem Klo und betätigte die Spülung, wenn jemand die Toilette aufsuchte. In Ischl saß er gern auf Bäumen und sprang Vorüberkommenden auf die Schulter.

Aus ihrer Ehe mit dem Baron Kiss hatte die Schratt einen Sohn, Anton, der war Diplomat im langweiligen Stockholm und wollte versetzt werden. Die Schratt sagte sich, wozu hat man Beziehungen, und unterbreitete den Wunsch ihres Buben dem Kaiser. Der versicherte:

Selbstverständlich. Ich werde mit dem Außenminister reden.

Wenige Tage später teilte er etwas verlegen seiner Freundin mit, dass im k.u.k. Ministerium des Äußeren an ein Revirement nicht gedacht werden könne. Frau Schratt gab sich jedoch keineswegs geschlagen. Binnen Kurzem konnte sie Franz Joseph strahlend verkünden:

Es ist mir gelungen, den Toni von Stockholm nach Brüssel versetzen zu lassen.

Der Kaiser, ehrlich interessiert:

Soso. Wer hat denn das zustande gebracht?

Frau Schratt:

Diesen Freundschaftsdienst hat mir der Sektionschef Baron Falke-Lilienstein erwiesen.

Soso, brummte seine Apostolische Majestät. Sehns, der Falke hat halt die bessern Beziehungen als ich.

Die hohe Schrott, 1839 Meter hoch, zwischen Ebensee und Ischl gelegen, ist ein beliebter Ausflugsberg. Nachdem der Kaiser einst an einem prächtigen Sommertag in zünftiger Adjustierung den Gipfel erklommen hatte, unterlief dem unbetamten Setzer des Berichts über diese alpinistische Leistung im *Salzkammergut-Boten* ein freudianisch anmutender Fehler. Man las:

Seine Majestät, der Kaiser bestieg gestern in bester Verfassung die hohe Schratt.

Jeden Morgen besuchte Franz Joseph die hohe Frau in der Villa Felicitas zum Gugelhupf-Frühstück. Die Seelenfreundin wollte das Risiko ausschalten, dass der Gugelhupf, der pünkt-

*Sie schnürt den Bauch sich ins Korsett.
Katharina Schratt,
zeitgenössische Fotografie*

lich um sechs Uhr früh auf dem Tisch stehen musste, einmal sitzen geblieben war. Also bestellte sie in der Konditorei Zauner für das tägliche Kaiserfrühstück ein Duplikat. Und damit dieses ihrem Kuchen im Geschmack gleiche, übergab sie Karl Zauner das Rezept.

Als der Kaiser spätnachts die Villa Felicitas verlassen wollte, schlich er, damit nur ja nichts bemerkt werde, im Dunkel durch einige Räume, stieß eine Vase um und weckte so die Köchin aus dem Schlaf. Im Nachtgewand, eine Kerze in der Hand, kam sie aus ihrem Zimmer gestürzt und schrie:

Diebe! Diebe!

Franz Joseph beschwichtigte sie mit gedämpfter Stimme in allerschönstem Schönbrunnerisch:

Sie dummes Ding! Sehen Sie denn nicht, dass ich der Kaiser bin?

Da fiel die gute, treue Person auf die Knie und intonierte die Hymne:

Gott erhalte Franz den Kaiser.

Obwohl er seit dem Tod seines Onkels einer der reichsten Monarchen Europas war, hatte Franz Joseph keinen rechten Begriff vom Wert des Geldes. Die Schratt zeigte ihm eine neu erworbene Perlenkette, die sie beim Juwelier Köchert am Graben erstanden hatte. Auf die leicht hingeworfene Frage, wie viel das edle Schmuckstück seiner Meinung nach wohl gekostet haben könnte, meinte er ahnungslos:

Na ja, vielleicht fünfzig Gulden?

Die Schratt schlug die Hände zusammen:

Aber um Gottes Willen, Majestät, das ist eine echte Perlenkette. So was kostet viel, viel mehr. Für die hab ich dreitausend Gulden hingelegt.

Franz Joseph wiegte den Kopf:

Was Sie nicht sagen. Dreitausend Gulden? Eigentlich auch nicht teuer.

Am Tag nach einem Hofball fand die Schratt den Kaiser verstimmt und bleich aussehend. Auf ihre besorgte Frage nach der Ursache erhielt sie vom Kaiser die Aufklärung, dass er die ganze Nacht wegen quälenden Durstes nicht hätte schlafen können und den durch den Ball überanstrengten, auch nicht mehr jungen Diener mit der Bitte um Wasser nicht habe stören wollen.

Die Schratt verfügte, dass in Hinkunft eine kleine eisgekühlte Flasche Champagner und eine Büchse Zwieback in seinem Schafzimmer bereitgestellt wurden.

Während Katharina Schratt die Kaiserin sehr verehrte und in manchem zu imitieren versuchte, hatte Elisabeth ein ambivalentes Verhältnis zur pummeligen Freundin ihres Mannes. Über deren Abmagerungswahn spöttelte sie in einem ihrer Gedichte:

> Sie schnürt den Bauch sich ins Korsett,
> dass alle Fugen krachen,
> hält sich gerade wie ein Brett
> und äfft noch andre Sachen.

***

In einem anno 1945 verbrannten Trauungsbuch im geheimen Archiv des Wiener Stephansdoms soll sich ein Vermerk gefunden haben, dass der Kaiser nach dem Tod seiner Frau mit Katharina Schratt in einer Gewissensehe verbunden gewesen sei. Die Großnichte Zita hat diesem Tratsch jedoch vehement widersprochen. Wie auch immer.

Als die Schauspielerin 1940 im Hietzinger Friedhof beigesetzt wurde, lag auf ihrem Grab ein Kranz Franz Josephs. Der Kaiser hatte testamentarisch verfügt, dass beim Begräbnis seiner Seelenfreundin ein Gebinde mit schwarz-gelber Schleife niederzulegen sei.

DAS NENNT MAN POPULARITÄT

Ein unerschütterlich getreuer Stammgast Ischls war der beliebte Charakterdarsteller Alexander Girardi. Er trat jeden Sommer als Gast im Kurtheater auf. Der Kaiser, der gern in die Vorstellungen kam, wünschte den Künstler kennen zu lernen. Er bat die Schratt, Girardi zu einer gemeinsamen Jause einzuladen. Sie war ja von früher her mit dem Kollegen bestens bekannt.

Die Zusammenkunft fand in der Villa Felicitas statt, wo die Schratt residierte. Man trank Kaffee und speiste Guglhupf aus der berühmten Zaunerschen Konditorei. Girardi war zugeknöpft, schweigsam, redete nur, wenn er gefragt wurde, und dann in den allerehrfürchtigsten Tönen. Schließlich sagte der Kaiser enttäuscht:

Mein lieber Girardi, was habens denn? Sie sind so schweigsam. Man hat mir so viel von Ihrer munteren Plaudergabe erzählt. Aber Sie sitzen nur stumm da.

Worauf die in den allgemeinen Wortschatz eingegangene Antwort kam:

Halten zu Gnaden, Majestät. Jausnen Sie amal mit an Kaiser!

Im Kollegenkreis prahlt Girardi:

Ich geh auf der Kurpromenad spazieren. Da kommt ein Hofbeamter auf mich zu und sagt:

Herr Girardi, Sie möchten doch bitte gleich einmal zu seiner Majestät kommen.

Ich mach mich fein und geh sofort zum Kaiser. Er begrüßt mich leutselig wie immer und meint:

Die Sonne lacht, es ist ein herrlicher Tag, wollen wir ein bissl spazierenfahren?

Wie Majestät zu wünschen geruhen, sag ich.

Wir steigen ein und kutschieren durch Ischl. Ich sag euch, gschaut haben die Leut! Am nächsten Tag, beim Billardspiel im Café Ramsauer, was soll ich euch sagen, da drängen sich die Gäst an mich heran und bestürmen mich:

Sagen Sie, Herr von Girardi, wer war denn gestern der weißbärtige alte Herr, mit dem Sie spazierengefahren sind?

Ja, Freunde, das nennt man Popularität!

***

Noch eine Girardi-Schnurre, von ihm selbst erzählt:

Ich radle von Ebensee nach Ischl. Plötzlich kommt in wilder Fahrt eine Kutsche mit goldenen Radln mir entgegen. Drin Seine Majestät im Jagddress. Die Pferde waren scheu geworden, der Kutscher ihrer nicht mehr mächtig, der Wagen schien in die Traun stürzen zu wollen. Ich spring vom Radl ab, den rasenden Bestien entgegen, werfe mich in die Zügel. Brrr! Der Wagen steht.

Und dann beugt sich seine Majestät aus der Kutsche, reicht mir eine goldene Uhr. Und was glaubt ihr, was eingraviert war? Seinem Lebensretter Alexander Girardi in Dankbarkeit Franz Joseph m. p.

Katharina Schratt bewies bei vielen Gelegenheiten, dass sie eine Dame war. Ihre Zurückhaltung in allem, was nicht rein privater Natur war, musste einem so korrekten Monarchen wie Franz Joseph wohltuend auffallen. Und war wohl auch der Grund für die lange Dauer dieser Verbindung.

Einmal wagte sie es, um das goldene Verdienstkreuz für Girardi zu bitten. Eine Anerkennung, die der Schauspieler nicht nur wegen seiner künstlerischen Leistung, sondern auch wegen seiner reichlich gespendeten Wohltätigkeit verdient hatte. Die Antwort des Kaisers war freundlich, aber bestimmt:

Ich werde Girardi gern das Kreuz zuwenden, sobald mir ein diesbezüglicher Antrag vom zuständigen Minister des Inneren vorgelegt wird. Und nun reden wir bitte von etwas anderem.

EINE MARY VETSERA IST NICHT ABGÄNGIG GEMELDET

Kronprinz Rudolf hatte auf seinem Schreibtisch als memento mori immer einen Totenschädel und einen geladenen Revolver liegen. In der Nacht zum 30. Jänner 1889 schied er mit der siebzehnjährigen Komtesse Mary Vetsera im Jagdschloss Mayerling aus dem Leben. Josef Bratfisch, der Leibfiaker, im Kollegenkreis Nockerl genannt, hatte dem Paar nach dem Nachtmahl Heurigenlieder vorgesungen, dann fielen die tödlichen Schüsse.

Die beiden Jagdgefährten des Kronprinzen, Prinz Philipp von Sachsen und Graf Josef Hoyos, hatten nicht einmal mitbekommen, dass ein Mädchen im Haus war. Prompt zirkulierte bald darauf das boshafte Witzwort:

Der Kronprinz hat in Mayerling vier Fische bei sich gehabt: einen Backfisch, einen Bratfisch und zwei Stockfisch.

Das von Geheimnissen und Legenden umwitterte Drama von Mayerling beschäftigt bis heute die Fantasie der Menschen. Ganze Bibliotheken hat man darüber geschrieben. Die Todesumstände wurden strikt geheim gehalten. Der Nockerl erhielt zur Abfindung ein Fuhrwerkerhaus in Hernals. Und alle Geheimnisträger waren durch einen Eid zu strengstem Stillschweigen verpflichtet. So entstanden ganz unsinnige Gerüchte und Geschichten, die von der Wahrheit meilenweit entfernt sind.

Geben Sie doch besser Acht!
Meine Nas' ist nicht für Sie gemacht.
Zeichnung des neunjährigen Rudolf

Als der kitschige Hollywoodschinken *Kronprinz Rudolfs letzte Liebe* mit Omar Sharif als Rudolf, Catherine Deneuve als Mary Vetsera und James Mason als Kaiser Franz Joseph in die Kinos kam, erklärte Fürst Karl Schwarzenberg in einem Leserbrief:

Man sollte nicht lachen oder schimpfen, sondern Gleiches mit Gleichem vergelten: Österreich muss jetzt einen Film über Abraham Lincoln drehen. Mit Josef Meinrad in der Titelrolle, amerikanisch synchronisiert von Paul Hörbiger.

Karl Farkas sollte für den Broadway ein Mayerling-Musical zur Musik von Fritz Kreisler schreiben. Monatelang arbeitete er im Schweiß seines Angesichts an dem Libretto. Nachdem der Produzent das Textbuch gelesen hatte, schickte er es mit dem Vermerk zurück:

Für Tote zahle ich kein Geld. Ein Happyend muss her!

Franz Joseph vergrub den Kummer in seinem Inneren und hat später nie über die Mayerling-Tragödie gesprochen. So ist es wohl begreiflich, dass dem Kronprinzen kein Denkmal errichtet wurde. Er selbst hat sich eines gesetzt mit dem vierundzwanzig Bände umfassenden Sammelwerk *Die österreichisch-ungarische Monarchie in Wort und Bild*.

Nach dem unglücklichen Thronfolger benannt sind der größte Binnensee Kenias (Rudolfsee), die Rudolf-Insel im nördlichen Polarmeer, der 15. Wiener Gemeindebezirk (Rudolfsheim), zwei Spitäler (Rudolfstiftung und Rudolfinerhaus) und eine Apfelsorte (Kronprinz).

Die Gruft von Rudolfs Todesgefährtin im Stiftsfriedhof Heiligenkreuz wurde hundert Jahre später aufgebrochen, der Sarg mit den Gebeinen geraubt. Ein Redakteur der *Kronenzeitung* hat die Schauerstory aufgedeckt. Um nicht selbst in den Strudel des Verbrechens hineingezogen zu werden, erstattete er Anzeige im Sicherheitsbüro. Max Edelbacher, Wiens oberster Ganovenschreck, ließ sich im Kreis seiner Beamten die Details schildern. Man traute der Sache nicht recht, zu abenteuerlich klang die Geschichte. Ein junger Kripobeamter zog eine Fahndungsliste zu Rat und verkündete mit strengem Blick:

Bitte, Herr Hofrat, eine Mary Vetsera ist bei uns nicht abgängig gemeldet.

***

Rudolfs Schwägerin, Prinzessin Louise, Tochter des belgischen Königs, war mit dem Prinzen Philipp von Sachsen, dem Jagdgast in Mayerling, verheiratet. Die Ehe scheiterte jedoch, und Louise verließ Wien unter Hinterlassung beträchtlicher Schulden in Begleitung ihres Liebhabers, des Ulanen-Leutnants Geza Mattachich.

Als der Wiener Hof in Brüssel diskret anfragte, wann mit der Begleichung der Außenstände zu rechnen sei, erklärte König Leopold:

Meine Tochter ist für mich gestorben.

Wozu Franz Joseph meinte:

Auch für eine tote Tochter muss man zahlen.

NICHT EINMAL DIE KNÖPF
HABENS ÜBERLASSEN

Fast sein ganzes Erwachsenenleben lang trug der Kaiser Uniform. In Wirklichkeit war er alles andere als ein Militarist. Kriegführen wollte er nach einigen missglückten Versuchen lieber nicht. Er betrachtete die Uniform als adäquate Kleidung, um damit hinterm Schreibtisch zu sitzen, Bittsteller zu empfangen, Museen zu eröffnen, Paraden abzunehmen und bei der Teilnahme an Manövern. Seine Orden trug er übrigens verkehrtherum. Er wollte nicht sein eigenes Ebenbild auf der Brust spazieren tragen. Und so trug er Orden eben mit der Rückseite nach vorn.

Wenn es sich um die Einhaltung von Uniformvorschriften handelte, war Franz Joseph von ungeheurer Akkuratesse. Bei Hoffesten hatten Offiziere nicht in Lackstiefeln, sondern in gewichsten Stiefeln zu erscheinen. Der Effekt dieser Anordnung war, dass die Stiefelwichs sich auf den Kleidern der Tanzpartnerinnen niederschlug. Manche Damen erschienen deshalb zu Hoffestlichkeiten in alten Fetzen, um die Galatoiletten zu schonen.

***

Nicht einmal die Adjustierungsvorschriften kennen Sie!
Zeichnung von Andreas Slama

Einem Wiener Schneidermeister, seines Zeichens k. u. k. Hoflieferant, wurde die Ehre zuteil, zu den Hofbällen eingeladen zu werden. Herablassend und sichtlich famoser Laune wurde er von einem Mitglied des Erzhauses gefragt, wie es ihm gefalle.

Sehr schön, kaiserliche Hoheit, lautete die Antwort. Aber mit Respekt zu sagen, die Gesellschaft wird auch immer schlechter.

Ja, was wollens denn, sagte der Erzherzog, wir können ja net lauter Schneider einladen.

An den Ärmeln von Sakkos, Blazern und Jacken sind Knöpfe angenäht, die keinerlei Funktion haben. Sie sind Überbleibsel von alten Militär-Uniformen und sollten die Soldaten davon abhalten, sich die Nase mit dem Ärmel zu putzen.

Bei der Truppenbesichtigung im Lager Bruck an der Leitha wurde für den Kaiser ein Infanterie-Oberleutnant als Ordonnanzoffizier eingeteilt, an der Tafel im kaiserlichen Hoflager teilzunehmen. Schon während des Diners ruhte der Blick des Kaisers auf dem Adjutanten, der dies mit Schrecken bemerkte, sich aber keiner Schuld bewusst war. Nach Aufhebung der Tafel knöpfte sich der Kaiser den Unglücksvogel vor:

Wie können Sie sich unterstehen, in unvorschriftsmäßiger Adjustierung hier zu erscheinen?

Der Offizier erblasste und begriff nicht, worum es sich handelte. Der Kaiser in gereiztem Ton:

Sie haben ja keine Knöpfe an den Blusenärmeln. Haben Sie denn das nicht bemerkt?

Nein, Majestät, wirklich nicht! stotterte der Oberleutnant.

Unerhört! Nicht einmal die Adjustierungsvorschriften kennen Sie!

In Uniformfragen kannte der Kaiser sich aus. Doch wenn er einmal Zivil trug, was selten vorkam, verließ er sich voll und ganz auf seinen Leibkammerdiener Ketterl. Die Schratt, eine der elegantesten Frauen von Wien, hatte in ihrem an Bühnengarderoben geschulten Geschmack an den Kleiderzusammenstellungen, die Ketterl vorschlug, hin und wieder etwas auszusetzen. Aber Franz Joseph blieb in diesem Punkt unnachgiebig:

Was den Anzug anlangt, da müssen wir schon machen, was der Ketterl sagt. Der versteht besser als ich, was zsammpasst.

Eine Hose, die der Kaiser tragen wollte, ließ sich nicht und nicht finden. Ketterl meldete kurzentschlossen:

Majestät, die haben die Motten zerfressen.

Darauf Franz Joseph:

Schrecklich, und nicht einmal die Knöpf hams überlassen?

DAMALS HABENS MICH DRANGEKRIEGT

Zweihundert Grafen und Fürsten beherrschten das alte Österreich. Sie waren und blieben unter sich. Und doch war in dieser geschlossenen Gesellschaft sozialer Aufstieg möglich. Wenn Offizieren, Beamten und Bürgern die allerhöchste Gnade widerfuhr, ob besonderer Verdienste geadelt zu werden, durften sie nicht nur um ein Wappen, sondern auch um ein Adelsprädikat einkommen. Was findet sich diesbezüglich in alten Hofkalendern, in genealogischen Lexika, im k.u.k. Heeres-Schematismus an kühnen oder skurrilen Wortschöpfungen, die Nestroy alle Ehre gemacht hätten! Hier eine kleine Blütenlese:

Rosenzweig von Powacht, Filz von Reiterdank, Echo von Marienberg, Wurzel von Hohentann, Schädel von Eulenhaupt, Kauz von Tannried, Donner von Blitzbergen, Kraft von Helmhacker, Hannbeck von Hannwehr, Klemm von Klemmenhorst, Kratochwil von Löwenfels, Loy von Leichenfeld, Hiebler von Lebmannsport, Kadich von Pferd, Obst von Terrawehr, Schwabe von Waisenfreund, Wasserfall von Rheinbrausen ...

In den Reihen der Aristokratie war man über diese Entwicklung ganz und gar nicht glücklich. Ein Träger eines uralten Namens jammerte:

Es ist an der Zeit, einen Verein gegen die zunehmende Veradelung des Volkes zu gründen.

Einer der Söhne des Chefs der Militärkanzlei, des Obersten Bolfras von Ahnenburg, diente bei einem vornehmen Ulanen-Regiment. Unter seinen Kameraden war einer, der führte den eindrucksvollen Namen Dragoni von Rabenhorst. Der junge Bolfras fragte ironisch:

Du, Dragoni, sag einmal, wo liegt denn eigentlich dieser Rabenhorst?

Der Kamerad erwiderte schlagfertig:

Wo Rabenhorst liegt? Gleich neben der Ahnenburg.

Offiziere konnten das Adelsprädikat erlangen, wenn sie dreißig Jahre in der Linie gedient hatten. Ein alter Dragoneroberst war also nach dreißig Dienstjahren dran. Mit Nachnamen hieß er Schwer. Was für ein besonders eindrucksvolles Prädikat sollte er sich erbitten? Schwer von Schwertenegg? Schwer von Schwertheim? Oder Schwer von Karolinenthal (seine Ehefrau hieß Karoline)? Bei einer Audienz teilte er seiner Majestät etwas stotternd seine Skrupel mit. Der Kaiser schmunzelte:

Aber mein Lieber, das ist doch ganz einfach: Nennen Sie sich halt Schwer von Begriff.

***

Das Toleranzpatent hatte Juden den Gebrauch von bürgerlichen Namen zugestanden. Manch einer, der im Dienst eines aristokratischen Hauses stand, trug praktischerweise dessen Familiennamen. Graf Huyn, ein schneidiger Ulanenoberst, war darauf bedacht, seine Truppe zu einem der vornehmsten Ritter-Regimenter der k.u.k. Armee zu machen.

Eines Tages rückte ein Einjährig-Freiwilliger beim Regiment ein und stellte sich dem Oberst vor:

Einjährig-Freiwilliger Liechtenstein meldet gehorsamst sein Einrücken zum Regiment!

Huyn strich sich den Schnauzbart, trat auf den jungen Mann zu, blickte ihm in die Augen und schnarrte:

Liechtenstein? Fürst oder Jud?

Ein Bozner namens Miller aus uraltem Bürgergeschlecht war in Wien zu Reichtum gelangt. Er kam beim Kaiser um ein Adelsprädikat ein und legte einen Stammbaum vor, der bis auf ein römisches Geschlecht zurückging.

Ihre Familie, lieber Miller, äußerte der allerhöchste Herr in gnädiger Leutseligkeit, soll auch wie die meine aus dem Aargau stammen.

Jawohl, Majestät, erwiderte kühn der Angesprochene. Und sie ist, wenn ich mir die Bemerkung erlauben darf, sogar noch älter als die Ihrige!

Der Kaiser schmunzelte:

Mag schon sein, lieber Miller. Aber die bessere Karriere haben doch wir Habsburger gemacht!

Die bessere Karriere haben wir gemacht.
Franz Joseph und Miller.
Zeichnung von Gregor von Rezzori

Der Ministerpräsident schlug vor, sieben Herren in den Freiherrnstand zu erheben. Der Kaiser entgegnete, er sei nicht so sehr für Standeserhebungen:

Jeder Krämer weiß doch, wenn von einer Ware zu viel auf den Markt geworfen wird, sinkt sie automatisch im Wert.

Zumindest in einem Fall bleib der Regierungschef hart. Es handle sich um einen hochverdienten General, das Kriegsministerium habe sich nachdrücklich für den Antrag eingesetzt. Im Übrigen erfreue sich ein anderer General mit dem selben Dienstalter und ähnlichen Verdiensten bereits der sieben Zacken einer Freiherrnkrone. Der Monarch erwiderte belustigt:

Ja, damals habens mich drangekriegt. Heut nimmer!

Theodor Sickel gehörte zu den führenden Wiener Historikern. Unter anderem ist er der Gründer des Instituts für österreichische Geschichtsforschung. Seine achtbändige *Geschichte der Diplomatik* gilt heute noch als Standardwerk. In einer langen und erfolgreichen Laufbahn hatte er es zum Hofrat und Universitäts-Professor gebracht. Schließlich ist ihm der Leopold-Orden verliehen worden. Somit konnte er um den erblichen Ritterstand einkommen. Als der Kaiser das Gesuch sah, meinte er skeptisch:

Kann man denn eigentlich einem Büchelschreiber den Adel verleihen?

***

Die Wiener medizinische Schule errang in der zweiten Hälfte des neunzehnten Jahrhunderts Weltgeltung. Der Orthopäde Adolf Lorenz, der Pathologe Karl Rokitansky, der Internist Josef Skoda waren weithin anerkannt. Adolf Lorenz ist es als erstem gelungen, Deformationen der Hüfte unblutig zu kurieren. Als er an die Universität berufen wurde, musste er die übliche Dankaudienz bei Hof absolvieren.

Was haben Sie für ein Fach? fragte der Kaiser.

Lorenz: Orthopädie, Majestät

Or-tho-pä-die? buchstabierte der Kaiser. Ja was ist denn das? Das Wort hör ich heut zum ersten Mal.

Statt einer gewundenen wissenschaftlichen Erklärung erwiderte Lorenz:

Majestät, das ist die Kunst, die Krummen gerade und die Lahmen gehend zu machen.

Karl Gussenbauer leitete die Universitätsklinik für Chirurgie. Einmal operierte er ein Mitglied des Kaiserhauses, einen Erzherzog, auf Leben und Tod. Die Operation gelang. Nach angemessener Frist erschien ein Adjutant des Patienten:

Herr Professor, seine kaiserliche Hoheit wünschen zu wissen, was Herr Professor vorziehen als Honorar für die Operation: Das Komturkreuz des Franz Joseph-Ordens oder zwanzigtausend Gulden?

Gussenbauer musste nicht lange nachdenken:

Bitte, richtens folgendes aus: Ich krieg weder den Franz-Joseph-Orden noch zwanzigtausend Gulden, sondern vierzigtausend Gulden.

EIN KAISER
HAT ANDERE PFLICHTEN

Im November 1869 unternahm Franz Joseph eine Reise ins Heilige Land. Bei der Einschiffung in die vor dem Hafen von Jaffa liegende *Greif* erhob sich ein Sturm. Riesige Wellen warfen sich in die von einer felsigen Steilküste umrahmte Hafeneinfahrt und drohten den Landungssteg fortzureißen, vor dem das Boot auf den Kaiser wartete. Der Steuermann verlangte kategorisch, seine Majestät müsse sich an der Ruderbank anbinden lassen, damit er nicht über Bord gespült werden könne. Franz Joseph war diese Sicherheitsmaßnahme äußerst zuwider. Er befahl den in seiner Suite anwesenden Admiral von Tegetthoff, den Sieger von Lissa, zu sich:

Was meinen Sie? Werden Sie sich anbinden lassen?

Der Seemann erwiderte in stoischer Ruhe:

Nein, Majestät. Wenn ich ertrinke, so erfülle ich nur meinen Beruf. Aber ein Kaiser hat andere Pflichten.

Bei einer Exkursion wurden die Pyramiden von Gizeh besichtigt. Der Kaiser staunte das 137 Meter hohe Bauwerk an und meinte, als einigermaßen trainierter Bergsteiger müsste er es schaffen, den Gipfel zu erklimmen. Er kletterte von Stufe zu Stufe, jede mehr als einen Meter hoch. Nach einiger Zeit des Aufstiegs ging ihm die Luft aus. Keuchend wandte er sich an den Führer – es war niemand geringerer als der weltberühmte Ägyptologe Professor Brugsch:

Sagen Sie, Professor, ist es denn eigentlich lohnenswert, die Spitze zu erklimmen?

Der Gelehrte antwortete:

Lohnend ist es keineswegs. Aber seit Friedrich Barbarossa hat kein deutscher Kaiser mehr die Pyramiden bestiegen.

Das weckte den Ehrgeiz des Monarchen und er setzte den beschwerlichen Aufstieg fort. Überflüssig, zu sagen: Der Rotbart hatte zu keiner Zeit seinen Fuß auf ägyptischen Boden gesetzt.

***

WO WOHNT DENN DER HERR HOFRAT?

Die Montag- und Donnerstag-Vormittage waren in der Hofburg und in Schönbrunn für Audienzen reserviert. Jeder Staatsbürger mit tadellosem Leumund hatte die Möglichkeit, den Kaiser persönlich zu sprechen. Entsprechend dicht war an Besuchstagen der Andrang.

Gestern hatte ich 127, heute werde ich 108 Audienzen geben, schrieb Franz Joseph an Katharina Schratt. In den fast sieben Jahrzehnten seiner Regentschaft empfing er rund eine Viertelmillion Bittsteller. Die Hand reichte er nur Ministern, geheimen Räten und Aristokraten, niemals jedoch bürgerlichen Besuchern. Herren hatten im Frack zu erscheinen, Militärs in Uniform, Damen im hochgeschlossenen Kleid mit Hut. Pro Audienz waren zehn Minuten vorgesehen. Sprechen war erst erlaubt, wenn der Kaiser eine Frage stellte.

Baron Dubsky, der Vater der Dichterin Marie von Ebner-Eschenbach, war Kammerherr am Hof zu Wien. Er hatte den Andrang der Bittsteller für die Audienzen zu regeln. Unter deren Schar waren zwei alte, weltfremde adelige Fräulein, die den Kaiser als obersten Schiedsrichter in einer Prozessangelegenheit anrufen wollten. Vor Aufregung hatten sie die Sprache verloren, Baron Dubsky legte das Problem dar.

Weiß schon, weiß schon, unterbrach ihn der Kaiser. Ihre Angelegenheit ist in Ordnung. Die Verwandten, die Sie um

Ihre kleine Erbschaft bringen wollen, sind in allen Instanzen abgewiesen worden. Ihre Sache liegt beim Hofrat Winkelsberger. Zu dem gehens jetzt. Und wenn Ihnen, was ich nicht hoffe, wieder Unrecht gschehn sollte, dann kommens halt zu mir. Ich bin immer da.

Die Audienz war zu Ende, der Kaiser begab sich in sein Arbeitszimmer. Plötzlich ein Wortwechsel auf dem Gang.

Herr Kämmerer, helfen Sie, retten Sie uns. Wenn wir Seine Majestät nicht noch einmal sprechen dürfen, ist alles verloren.

Unmöglich, meine Damen. Seine Majestät haben Sie eben entlassen. Seine Majestät geben Audienzen von sieben Uhr morgens, und jetzt ist Mittag. Gehen Sie.

Die beiden alten Jungfern, in Tränen aufgelöst:

Sie dürfen sich auf die Erlaubnis berufen, die Seine Majestät uns höchstselbst gegeben hat. Kommen Sie wieder, hat Seine Majestät gesagt.

Der Kämmerer betrat nach kurzem inneren Kampf das Arbeitszimmer, in dem Franz Joseph am Schreibtisch saß:

Majestät, Verzeihung, die zwei alten Fräulein ...

Der Kaiser legte die Feder hin, wendete den Kopf:

Womit kann ich Ihnen noch dienen?

Majestät, sprachen die Fräulein, Majestät, wir bitten alleruntertänigst: Wo wohnt denn der Herr Hofrat?

***

Einen Staatsbesuch Franz Josephs in Paris benützte die Fürstin Metternich, die Frau des österreichischen Botschafters, um den Kaiser zu bitten, sein Porträt für die Räumlichkeiten der Botschaft malen zu lassen. Der Kaiser sagte gnädig zu. Anschliessend wurde die Fürstin von einem Herrn des Gefolges zurechtgewiesen:

Wissen Sie nicht, dass Bitten an seine Majestät nur bei einer Audienz vorgetragen werden dürfen? Und das nur, nachdem sie vorher schriftlich eingereicht worden sind?

Unsinn, antwortete die Fürstin. Wenn ich zu meinem Herrgott jederzeit bei Tag und Nacht mit einer Bitte kommen darf, dann werde ich das gleiche wohl auch bei meinem Kaiser tun dürfen.

*Majestät fühlen sich nicht wohl.
Karikatur von Mehmet Bahas*

MEINEN FRACK WERDE ICH SCHICKEN

Obwohl er sein Alter in großer Frische erleben durfte, erhielt Franz Joseph täglich Besuch von seinem Leibarzt Doktor Joseph Kerzl. Sein Name verleitete die Wiener zu dem nahe liegenden Wortwitz:

Für die Gesundheit anderer Monarchen sorgen Leuchten der Wissenschaft. Unser Kaiser begnügt sich mit einem Kerzl.

Die beiden Herren unterhielten sich in angenehmer Atmosphäre, rauchten eine Virginia, zwischendurch erkundigte sich der Mediziner nach dem allerhöchsten Befinden.

Eines Morgens, als Kerzl wie üblich zur Visite wollte, stand der Kammerdiener Ketterl wie der Erzengel vor der Pforte des Paradieses Eintritt wehrend vor der Tür zum Arbeitszimmer und sagte mit wohlsordinierter Dienerstimme:

Majestät bedauern lebhaft, den Herrn Hofrat heute nicht empfangen zu können. Majestät fühlen sich nicht ganz wohl.

***

Der Wiener Hof hatte das aus dem Mittelalter stammende, in seiner Starrheit bizarre Zeremoniell beibehalten, das die spanischen Habsburger importiert hatten. Darauf bezieht sich übrigens die geläufige Redewendung »das kommt mir spanisch vor«. So durfte beispielsweise niemand dem Kaiser in seinen Wohnräumen anders als in Frack oder Uniform unter die Augen treten.

Franz Joseph hatte sich auf der Jagd erkältet und musste das Bett hüten. Er stand gegen den Rat seines Leibarztes zu früh auf mit dem Misserfolg, dass er einen Rückfall erlitt, und zwar mitten in der Nacht. Sein Leibdiener Ketterl rannte zum Telefon und alarmierte den Leibarzt.

Ihre Majestät liegt im Sterben, japste Ketterl, der des Kaisers Röcheln für vorletzte Seufzer halten mochte.

Doktor Kerzl warf einen Morgenrock über und hechelte, so rasch ihn seine Beine tragen konnten, aus der Wambachergasse direkt in die Gemächer des Kaisers. Franz Joseph konnte kaum noch sprechen, er fieberte, er war wirklich ernstlich krank. Doch sein Auge sah nur das Unvorschriftsmäßige der Kleidung seines Leibarztes, und noch bevor dieser ein Wort hervorbringen konnte, richtete er sich mühsam in den Polstern auf und röchelte:

Frack!

Ähnliches widerfuhr dem berühmten Internisten Joseph Skoda. Zu einem erkrankten Mitglied des Kaiserhauses gerufen, erschien er im Gehrock. Diskret machte ihn ein Kämmerer im Vorzimmer darauf aufmerksam, dass das höfische Zeremoniell das Anlegen eines Fracks erfordere.

Ich habe geglaubt, man braucht den Skoda. Meinen Frack werde ich gleich schicken, sagte der Arzt und ging.

Karl Seitz, ein gewesener Volksschullehrer, saß für die Sozialdemokraten im Reichsrat. Als der Kaiser den Wunsch äußerte, einen Vertreter dieser merkwürdigen neuen Partei persönlich in Augenschein zu nehmen, entschied sich der Vorstand für den gut aussehenden, gesellschaftlich erfahrenen Abgeordneten. Nur mit der Garderobe gab es Schwierigkeiten. Da Seitz nicht Reserve-Offizier war, kam Uniform für die Audienz nicht in Frage. Er war aber auch nicht bereit, im bürgerlichen Frack aufzutreten. Schließlich fand sich der Ausweg seines später so berühmt gewordenen Gehrocks.

Das Gespräch verlief nicht nur freundlich, sondern interessierte den Monarchen auch über alle Erwartungen hinaus. Zum Schluss, als man sich verabschiedete, packte Franz Joseph den jungen Abgeordneten beim Ärmel und fragte, was denn die Sozialdemokraten eigentlich an einem Frack auszusetzen hätten?

Majestät, antwortete Seitz, auch das Proletariat hat sein Zeremoniell.

UNSERE ORDENSBÄNDER SIND UNTER GARANTIE FARBECHT

Wie alle Habsburger hatte Franz Joseph ein Handwerk erlernt, in seinem Fall waren es sogar zwei: nämlich Tischlern und Buchbinderei. Er galt als großer Jäger, interessierte sich für Malerei, war aber völlig unmusikalisch.

Die Kaiserhymne, scherzte er einmal, erkenn ich daran, dass sich alles von den Sitzen erhebt.

Er musizierte gern auf der Mundharmonika, heißt es. Das wars aber auch schon. Im Konzertsaal oder in der Oper sah man ihn fast nie. Eine Ausnahme machte er, wenn er zu Besuch in Budapest war. Um die Gastgeber nicht zu enttäuschen, besuchte er die Oper, ohne viel Gefallen daran zu finden. Im Jänner 1895 schrieb er aus Budapest an Frau Schratt:

Abends war ich mit Valerie zwei Stunden lang in der Oper *Walküre*, wo ich abwechsend schlief.

***

*Genussvolle Stunden in der Oper.
Karikatur von Bruno Haberzettl*

Der Monarch besuchte die Frühjahrsausstellung im Künstlerhaus. Eines der Porträts stellte einen Minister dar, das breite blau-gelb-blaue Band des Ordens der Eisernen Krone über der Brust.

Ganz gut getroffen, lobte der Kaiser. Nur das Blau von dem Ordensbandl stimmt nicht.

Der anwesende Künstler entschuldigend:

Majestät, der Farbton ist durch den Lichteinfall entstanden.

Daraufhin Franz Joseph:

Nein, nein, mein Lieber, unsere Ordensbänder sind unter Garantie farbecht.

Bei einem Besuch der Kunstgewerbeschule – heute Universität für Angewandte Kunst – geriet Franz Joseph in das Atelier des Bildhauers Otto König, eines geborenen Sachsen. Der Künstler war gerade mit dem Modellieren einer Büste beschäftigt. Er begrüßte den Monarchen mit den launigen Worten:

Es is scheen, dass der Gaiser zum Gönig gommd.

Am 25. Mai 1897 wurde die Wiener Künstlervereinigung Secession gegründet. Präsident war Gustav Klimt, Ehrenpräsident der fünfundachtzigjährige Rudolf von Alt. Franz Joseph schätzte seine leicht hingetupften Aquarelle. Ob er für dieses Amt denn nicht doch schon zu alt sei? fragte der Kaiser den Künstler. Und erhielt die Antwort:

Ich bin immer noch jung genug, um in jeder Stunde neu zu beginnen. Alt war ich ja schon bei meiner Geburt.

Der Akademieprofessor Heinrich Angeli hatte schon viele hochadelige Herrschaften gemalt, schließlich sollte er auch den Kaiser porträtieren. Der Monarch kam ins Atelier, bestieg das Podest und ließ sich in einem dort stehenden Fauteuil nieder. Angeli umkreiste das Podium, betrachtete ihn von verschiedenen Seiten, schüttelte missbilligend den Kopf.

Ich bin immer so gmalt worden, sagte der Kaiser mit leiser Verwunderung.

Dann, Majestät, erwiderte Angeli, ist es höchste Zeit, dass wirs anders machen.

***

In den Blumensälen der Gartenbaugesellschaft fand die erste Ausstellung der Secession statt. Zur Eröffnung erschien der Kaiser und zeigte sich höchst interessiert. Er setzte den Zwicker auf und betrachtete jedes einzelne Bild. Vor einem in Blautönen gehaltenen Landschaftsbild, das laut Katalog ein Jagdhaus im Walde darstellte, blieb er stehen, wiegte das graue Haupt und rätselte:

Soll das vor dem Jagdhaus ein See sein?

Nein, Majestät, das ist eine Waldwiese.

Aber die ist ja blau.

Ich sehe sie so, Majestät, sagte der Künstler. Darauf Franz Joseph im Abgehen:

Dann hättens halt nicht Maler werden sollen.

Der Kaiser hatte das von Otto Wagner im sezessionistischen Stil errichtete Postsparkassengebäude eröffnet. Huldvoll wandte er sich an den Architekten:

Es ist wirklich interessant, Herr Professor, wie gut die Leut von heutzutag in Ihre Häuser passen.

Die Eröffnung von Gemäldeausstellungen war für den Kaiser eine lästige Pflicht. Der Besuch von Opernvorstellungen eine Last. Ein Abend im Burgtheater hingegen bedeutete für ihn ein Vergnügen. Zeit seines Lebens war der Monarch ein treuer, aufmerksamer und manchmal auch kritischer Besucher des Hauses am Michaelerplatz.

Charakteristisch für seine Einstellung war, dass er das Haus den Olymp zu nennen pflegte und seine Schauspieler die Götter. Für prominente Mitglieder des Ensembles hatte er klassische Götternamen. So war Adolf Sonnenthal der Jupiter, Charlotte Wolter die Juno und Stella Hohenfels die Diana.

***

Am Burgtheater war es Brauch, dass Hofschauspielerinnen, die ein Kind erwarteten, aus der Privatschatulle des Kaisers eine außerordentliche Zuwendung von zweitausend Kronen (etwa neuntausend Euro) bekamen. Als einmal gleich drei Damen ihre Babypause antraten, kommentierte dies Franz Joseph gegenüber dem Obersthofmeister Montenuovo, der die entsprechenden Anträge vorlegte:

Ich gebs ja gern. Aber ein starker Anreiz scheint es doch zu sein.

Am 13. Oktober 1888 fand die letzte Vorstellung im alten Burgtheater statt – Goethes *Iphigenie auf Tauris* mit Charlotte Wolter in der Titelrolle. Selbstverständlich war der Kaiser anwesend. Seine Lieblingstochter, die theaterbesessene Erzherzogin Valerie, begleitete ihn. In ihr Tagebuch trug sie ein:

Papa schnitt eigenhändig ein Stück Stoff vom Bankerl unserer guten alten Loge heraus, wo wir so viele genussreiche Stunden erlebt haben.

EINEN HAT MAN VERGESSEN

Franz Joseph ließ sich von seinem Leibkammerdiener Ketterl täglich morgens um vier Uhr wecken, dafür ging er abends oft bereits um Neun zu Bett. Sein Minister des Äußeren und des Allerhöchsten Hauses Graf Goluchowski war hingegen Nachtmensch, der abendliche Gesellschaften liebte und morgens dementsprechend spät aufstand.

Mein lieber Goluchowski, sagte Franz Joseph, nachdem er ihn angelobt hatte. Ich weiß, dass Sie morgens gern lang schlafen. Sie müssen mir also nicht um fünf Uhr Bericht erstatten, sondern erst um sechs.

Eine Volkszählung im Jahre 1910 ergab, dass fünfzig Millionen Menschen in Österreich-Ungarn lebten. Wien hatte etwas mehr als zwei Millionen Einwohner, ein Viertel davon war aus den Kronländern eingewandert. Der Volkswitz kommentierte: Ein Wiener – a Raunzer. Zwei Wiener – a Heurigenpartie. Drei Wiener – des gibts net, weil jeder dritte is a Böhm.

Als Franz Joseph das Formular zur statistischen Datenerhebung zugestellt wurde, ließ es sich der pflichtbewusste Monarch nicht nehmen, den amtlichen Anzeigezettel eigenhändig auszufüllen. In der Rubrik Berufsbezeichnung notierte er gewissenhaft:

Kaiser von Österreich, König von Böhmen etc., apostolischer König von Ungarn.

In den achtundsechzig Jahren, in denen Franz Joseph regierte, gab es drei Verfassungsänderungen, dreißig Ministerpräsidenten und vier Wahlrechtsreformen.

Im Jahre 1907 führte der jahrzehntelange Kampf um die Wahlreform endlich zum Erfolg. Das allgemeine, gleiche, geheime und direkte Wahlrecht wurde eingeführt. Alle erwachsenen Männer durften nun wählen. (Frauen blieben weiterhin ausgeschlossen.)

Ministerpräsident Beck legte dem Kaiser eine Liste von Persönlichkeiten vor, die sich um die Gesetzesvorlage verdient gemacht hatten und einen Orden erhalten sollten.

Franz Joseph, der sich persönlich mit einem Leitartikel in der *Abendpost* nachdrücklich für die Reform eingesetzt hatte, studierte das Dokument eingehend, nahm die Brille von der Nase und bemängelte lächelnd:

Einen hat man aber vergessen. Mich.

Bei den Wahlen wurden die Sozialdemokraten die zweitstärkste Partei, ihr Abgeordneter Engelbert Pernerstorfer sollte einer der Vizepräsidenten des Reichsrates werden. In dieser Eigenschaft musste er einen Antrittsbesuch beim Kaiser machen. Pernerstorfer war dafür bekannt, dass er im Abgeordnetenhaus sehr offen Kritik an den Mitgliedern der kaiserlichen Familie übte. Franz Joseph empfing ihn liebenswürdig und gab ihm Gelegenheit, frei von der Leber weg zu reden.

Als Franz Joseph hinterher gefragt wurde, wie die Audienz verlaufen sei, sagte er:

Sie glauben gar nicht, wie gnädig er mich behandelt hat.

Am 18. August 1910 beging Franz Joseph seinen achtzigsten Geburtstag. Aus allen Ecken und Enden der Erde stellten sich Gratulanten ein. Graf Paar, der Generaladjutant, kommentierte die Staatsbesuche mit der sarkastischen Feststellung:

Die ausländischen Gäste kommen, um sich Österreich noch einmal anzuschauen, bevor es zerfällt.

Das ungewöhnlich prunkvolle Festmahl in der Hofburg eröffnete der Kaiser nach seinem Wunsch mit einem selbst gesprochenen Gebet. Dabei verhaspelte er sich ein wenig und sprach zum mühsam verborgenen Ergötzen der Gäste:

Unser heutiges Brot gib uns täglich.

Kurz danach besuchte der Kaiser Bosnien. Hier erschien er bei einer Parade zu Pferd. Gerade da kam es zu einem kleinen Zwischenfall. Der kommandierende General Auffenberg defilierte vor dem Kaiser und präsentierte dabei den Säbel. Da glitt ihm dieser aus der Hand und es entstand eine kurze Verwirrung, bis man den Säbel aufgehoben hatte und dem General, der zu Pferd saß, hinaufgereicht hatte. Der Kaiser war sichtlich unangenehm berührt. Zu seiner Begleitung sagte er:

Das ist ein schlechtes Vorzeichen!

Man wollte ihn beruhigen:

Nur für ihn, Majestät, sagte einer aus der Suite.

Nein, nein, auch für mich! erwiderte der Kaiser. Es war seine letzte Parade.

LERNEN BRAUCHTS NIX

Erzherzog Ludwig Viktor, im Hofjargon Luziwuzi genannt, der jüngste Bruder des Kaisers, trat nicht durch politischen Ehrgeiz, sondern vor allem durch öffentliche Skandale in Erscheinung. Als nach einem Annäherungsversuch im Amalienbad nicht mehr zu kaschieren war, dass er dem eigenen Geschlecht zugetan war, wurde er vom Hof nach Salzburg ins Schloss Kleßheim verbannt. Immer wieder drangen Nachrichten über Affären mit jungen Offizieren an die Öffentlichkeit. Franz Joseph seufzte:

Man müsst ihm eine Ballerina als Adjutant geben, dann könnt nix passieren.

Franz Josephs zweitjüngster Bruder Karl Ludwig, der Vater des späteren Thronfolgers Franz Ferdinand, nach Meinung der eigenen Mutter »schwach im Talente«, tat sich weder in der Politik noch in seinem militärischen Beruf hervor. Er wurde schließlich als Repräsentant des Kaiserhauses bei Ausstellungen eingesetzt, was ihm im Volksmund den Titel Ausstellungs-Erzherzog eintrug.

Karl Ludwig ließ sich auf der Weltausstellung umherführen und vom Direktor des elektrischen Kabinetts alles aufs genaueste erklären:

Ich bin Ihnen sehr verbunden für Ihre lichtvollen Darstellungen. Ich hab auch alles vollkommen verstanden. Nur über einen Punkt bin ich mir noch nicht recht im Klaren: Wie fangen Sie es an, dass Sie in diesen dünnen grünen Drähten die Röhren unterbringen, durch welche die Elektrizität fließt?

Karl Ludwig war gutmütig, fromm, treuherzig. Er sammelte Briefmarken und war ein unendlich geduldiger Angler. Gelegentlich machte er sich den Spaß, einen Abschnitt aus dem Konversationslexikon auswendig zu lernen. Dann brachte er das Gespräch auf das betreffende Thema, damit er sein ungeheures Wissen gebührend bewundern lassen konnte. Seinen Kindern gab er den Rat mit auf den Lebensweg:

Lernen brauchts nix, weil mehr als wie Erzherzöge könnts eh net werden!

Sein ältester Sohn Franz Ferdinand, in Hofkreisen FF genannt, nahm den väterlichen Rat ernst. Seine Bildung war alles andere als umfassend. In Fremdsprachen war er ein Antitalent, Musik empfand er als unnötigen Lärm, Literatur und Kunst interessierten ihn nicht. Dafür sammelte er angemalene Türken, Reklameschilder von Tabakläden. Seine große Leidenschaft war die Jagd. Er schoss nieder, was ihm vor die Flinte lief. Seine Ausbeute betrug laut Schusslisten 272 000 Stück Wild. Damit hätte er sich mühelos ins Buch der Rekorde eingeschrieben.

***

Für die bildenden Künste hatte Franz Ferdinand nichts über. Malerei ließ er nur gelten, wenn sie realistisch und konservativ war. Die von Josef Plecnik erbaute Heilig-Geist-Kirche in Ottakring bezeichnete er blumig als eine Mischung von Venustempel, russischem Bad und Pferdestall. Und über den Maler Oskar Kokoschka soll er gesagt haben:

Wenn ich den Kerl erwisch, brech ich ihm alle Knochen im Leib.

Noch vor der offiziellen Vernissage einer Ausstellung der neuen Secession kam der Erzherzog überraschend in das Haus mit dem berühmten goldenen Krauthappl. Schweigend, mit düsterer Miene, schritt er durch die Räume, schweigend wandte er sich zum Gehen. Bevor er das Haus verließ, wandte er sich kurz an den ihn begleitenden Herrn des Ausstellungskomitees und sagte mit barscher Stimme:

Ich verbiete Ihnen, irgend jemandem auch nur anzudeuten, dass ich hier gewesen bin.

Gesprächiger zeigte er sich beim Besuch einer Werkschau des Architekten Otto Wagner, die gleichfalls in der Secession stattfand:

Grauslich, wandte er sich an den Künstler. Und das gfallt Ihnen? Wie schön ist unser Schönbrunn, und Sie machen solche nackerten Kästen.

Kaiserliche Hoheit, erwiderte Wagner, Sie sind doch Soldat und wissen, dass die Kanonen zur Zeit Maria Theresias alle verziert waren. Und wie sinds heute? Nackert!

Alexander Demetrius Goltz, Schwager des Dichters Max Mell, war ein angesehener Maler und durch viele Jahre Präsident der Künstlergenossenschaft. Er äußerte den Wunsch, dem Erzherzog sein Atelier vorzuführen. Der Kavalleriegeneral von Dondorf, ein baumlanger Kerl, der in Italien gegen Garibaldi gekämpft hatte, vermittelte die Bekanntschaft. Bei der Führung zeigte Goltz dem Erzherzog ein modisch dekoriertes Ecksofa:

Da schlaft der Dondorf, wenn er bei mir übernachtet.

Franz Ferdinand, berüchtigt für seine Humorlosigkeit, brach in schallendes Gelächter aus:

Was, ums Eck?

EIN FASS PILSNER
FÜR DIE HOFTAFEL

Nach dem überraschenden Tod seines Vaters – der fromme Erzherzog Karl Ludwig hatte auf einer Pilgerreise zu den Heiligen Stätten verseuchtes Jordanwasser getrunken – war Franz Ferdinand ebenso überraschend zur Nummer 2 der Habsburger-Monarchie aufgerückt.

Zu seinem engeren Kreis gehörte der Graf Otto Czernin. Um dessen diplomatische Karriere zu beschleunigen, drang der Thronfolger hartnäckig darauf, dass der »böhmische Herr« zum k.u.k. Gesandten im Bukarest ernannt werde. Schließlich kam der Kaiser dem Ersuchen nach. Als der Graf sich beim Kaiser als neuernannter Vertreter Österreich-Ungarns vorstellte, begrüßte Franz Joseph ihn mit den Worten:

Aha, Sie sind der, der Außenminister wird, wenn ich gestorben bin. –

Vier Wochen nach dem Tod des Kaisers hatte Czernin sein Ziel erreicht.

***

Vom k.u.k. Außenminister Goluchowski hielt Franz Ferdinand nicht viel. Bei einem Aufenthalt in Meran wünschte der Thronfolger einen Ausflug zu unternehmen. Da er nach einem Lungenleiden geschwächt war, hatte man einen Esel als Reittier bereitgestellt. Franz Ferdinand trat vor die Tür seiner Villa und rief:

Wo zum Teufel ist denn der Goluchowski?

Auf die Frage seines Ordonnanzoffiziers, ob denn der Herr Minister des Äußeren erwartet werde, brummte der Erzherzog:

Sie wissen, was ich von diesem Herrn halte. Jetzt hab ich eben meinen Esel nach ihm benannt.

Der Thronfolger konnte es nicht erwarten, Kaiser zu werden. Der Aufruf *An meine Völker* lag druckfertig in einer Lade seines Schreibtischs. Die Liste seines Ministeriums war seit Jahren aufgestellt. Um alles kümmerte er sich, auch ums kleinste. Alles sollte anders werden, auch bei Hofe. Höchstpersönlich prüfte er, einen schwitzenden Hofwirtschaftsbeamten neben sich, die Ausgaben des kaiserlichen Etats, veränderte, verbesserte, strich.

Da steht Tag für Tag: Ein Fass Pilsner für die Hoftafel. Für wen gehört das?

Für die Hoftafel, stotterte der Beamte.

Schwere Wetterwolken zogen sich über den erzherzoglichen Brauen unheilvoll zusammen.

Sie werden mir doch nicht einreden wollen, dass Seine Majestät täglich ein Fassl Pilsner trinkt!

Nein, nur ein Glas.

Na, also?

Ja, aber, die gehöhlte Hand des Beamten drehte sich in rundender Bewegung, aber mitten heraus.

***

Als der Thronfolger und Zar Ferdinand von Bulgarien mit dem Orientexpress zur Beisetzung des englischen Königs Edward nach London reisten, gab es einen Rangordnungsstreit, wessen Salonwagen weiter vorne angekuppelt werden müsse. Schließlich setzte sich Franz Ferdinand durch, sein Waggon wurde direkt an die Lokomotive angehängt. Der bulgarische Monarch revanchierte sich für die Zurücksetzung, indem er dem Erzherzog den Durchgang durch seinen Waggon zum Speisewagen verweigerte.

*Der Kaiser war ein ausgezeichneter Reiter.
Karikatur von Dieter Zehentmayer*

MEINE LIPPIZANER
SIND MIR LIEBER

Technische Neuerungen waren dem Kaiser suspekt. Er hat nie einen Lift bestiegen, nie einen Telefonhörer in die Hand genommen. Und wenn er mit der Maschine getippte Akten auf seinem Schreibtisch fand, wurde er grantig. Als eine Telefonanlage in der Hofburg installiert werden sollte, lautete die erste Frage: Wohin mit dem Telefonapparat? Auf dem Schreibtisch wollte der Kaiser das neumodische Ding nicht haben, schließlich hob er ja nicht selbst ab (er hatte übrigens die Durchwahl 4).

Als idealen Ort fand man das Klosett. Läutete es, musste der Dienst habende Leiblakai abheben und, neben der Klomuschel stehend, nach dem Begehr fragen. Wenn es geschah, dass der Apparat läutete, während der Monarch höchstpersönlich auf dem Thron saß, brach Stress aus. Der Kaiser rief, dass jemand sprechen möchte, die Lakaien liefen vor der Klotür kopflos auf und ab. Nicht einmal auf dem stillen Örtchen konnte der Arme seine Ruhe haben.

Im August 1908 besuchte der englische König Edward Ischl. Einmal schlug der König eine Spazierfahrt in seinem Wagen vor. Als die beiden Monarchen aus dem Hotel Elisabeth traten, stand davor das Auto des Briten, ein in blauer Farbe gehaltenes 50 PS starkes Modell der Marke Züst. Die Fahrt ging über die Ebenseer Straße nach Weissenbach am Attersee und zurück und dauerte weniger als achtzig Minuten. Nach der Rückkehr in die Kaiservilla berichtete Franz Joseph seinem Kammerdiener Ketterl:

Gstunkn hats und gsehn hat ma nix. Meine Lippizaner sind mir lieber.

Gelegentlich wurde Franz Joseph in einem stattlichen Daimler chauffiert. Auf der Fahrt nach Ischl blieb das edle Gefährt stecken. Der Chauffeur, der Adjutant, der Leiblakei, alle klopften und schlugen mit Schraubenschlüsseln und Zangen auf den Motor ein. Vergebens, er rührte sich nicht. Da sagte der alte Kaiser:

Wie viele Pferdekräfte, meine Herren, sagen Sie, hat dieses Auto?

Zehn, Majestät, dienerten sie.

Soso, zehn. Da ist mir eine Pferdekraft lieber. Der streich ich leicht mit der Gerte über die Krupp, und sie läuft wieder.

Nicht nur dem Kaiser, auch anderen hohen und höchsten Herrschaften fiel der Umgang mit der Technik nicht immer leicht. Erzherzog Franz Salvator, General der Kavallerie, besichtigte die Austro-Daimler Werke in Wiener Neustadt. Ferdinand Porsche bastelte dort an seinem Sechszylinder-Flugzeugmotor. Der Erzherzog ließ sich vom Konstrukteur alle Einzelheiten erklären und stellte sachkundige Fragen:

Ist das ein Viertaktmotor?

Gewiß, kaiserliche Hoheit.

Ja, aber warum hat er dann sechs Zylinder?

Ohne eine Miene zu verziehen, antwortete Porsche:

Zwei Zylinder sind zur Reserve da.

Einiges Aufsehen erregte es in Wien, als der Kaiser den ehemaligen republikanischen Präsidenten Teddy Roosevelt zu einem privaten Besuch in der Hofburg empfing. Der Gast aus dem fernen Amerika hatte im spanisch-amerikanischen Krieg in Kuba so manche schneidige Attacke geritten und wusste allerhand Abenteuerliches zu erzählen.

Im Verlauf des Gesprächs ergab es sich, dass man auf Politik zu reden kam, und der Kaiser bezeichnete sich als letzten Monarchen alter Schule. Auf Roosevelts Frage nach dem Sinn seines Amtes und den daraus erwachsenden Pflichten gab Franz Joseph die historische Antwort:

Meine Aufgabe ist es, meine Völker vor ihren Politikern zu schützen.

Graf Eduard Taaffe hinwiederum, der mehrere Male Ministerpräsident und unzählige Male Regierungsmitglied war, die Symbolfigur des Weiterwurstelns, fasste seine profunde Kenntnis der Monarchie in die vielleicht heute noch gültigen Worte zusammen:

Das Geheimnis des Regierens in diesem Reich besteht darin, alle Nationalitäten bei gleichmäßiger, wohltemperierter Unzufriedenheit zu erhalten.

***

Ich leide an der allerschlimmsten Krankheit.
Karikatur von Dieter Zehentmayer

Der Kaiser war, wie seine Sisi, ein ausgezeichneter Reiter. In seinem langen Leben hat er nicht weniger als 105 edle Rösser durchgeritten, das heißt so lange benutzt, bis sie nicht mehr dienstfähig waren.

Im hohen Alter diente ihm als Obersthofmeister der Fürst Montenuovo, ein weitläufiger Verwandter, der vierzehn Jahre jünger war und sich, um dem Kaiser Freude zu machen, große Mühe gab, hinfälliger zu erscheinen als sein Chef. Bei einer Parade, die der Kaiser wie gewohnt hoch zu Ross abnahm, rutschte er absichtlich vom Pferd.

Während der Kaiser längst in seinem spartanischen Feldbett ruhte, saß der Fürst mit Kameraden beim Becher und erzählte ihnen die Geschichte, wie er dem Franzl heut a Freud gmacht hat und vor ihm vom Pferd gfallen ist.

Kurz vor seinem Tod hatte der Kaiser den Besuch eines hohen Staatsbeamten, der ihn seit geraumer Zeit nicht gesehen hatte. Der Beamte war erstaunt über das rüstige Aussehen des Kaisers. Er säuselte:

Majestät sind wirklich das Urbild der Rüstigkeit. Das Land hofft, dass Majestät uns noch lange erhalten bleiben.

Franz Joseph winkte müde ab:

Täuschen Sie sich nicht. Ich leide an der allerschlimmsten Krankheit: am Alter.

MIT DER ELEKTRISCHEN ZUR FRONTBESICHTIGUNG

Im Juni 1914 wurde in Sarajewo der Thronfolger ermordet. Am späten Vormittag des 28. Juni erfuhr der Kaiser in Ischl von dem Attentat und dem Tod Franz Ferdinands und seiner Gemahlin. Wie gelähmt, die Augen geschlossen, bleibt er an seinem Schreibtisch sitzen. Einige Minuten vergehen, ehe ein Wort fällt. Dann sagt er, mehr zu sich selbst:

Entsetzlich! Der Allmächtige lässt sich nicht herausfordern. Eine höhere Gewalt hat jene Ordnung wieder hergestellt, die ich leider nicht zu halten vermochte!

Bischof Josef Lanyi, ein ehemaliger Erzieher des Erzherzogs, hatte geträumt, der Thronfolger sei bei einer Wagenfahrt erschossen worden. Tief beunruhigt notierte er Einzelheiten des Traums und versuchte, den Kronprinzen zu warnen. Am selben Tag erreichte ihn ein Telegramm, das von dem Attentat berichtete.

***

Weil Franz Ferdinand mit der Gräfin Chotek eine Ehe zur linken Hand geschlossen hatte, war der nicht ebenbürtigen Gattin ein Platz in der Kapuzinergruft verwehrt. Bei Veranstaltungen durfte sie nicht neben ihrem Mann sitzen. Wenn der Hof mit Kutschen ausfuhr, musste sie im letzten Wagen Platz nehmen. Und selbst bei Messfeiern durfte sie nicht neben ihrem Mann knien.

Nach dem gemeinsamen Tod des Paares wurden beide in der Gruft des Schlosses Artstetten in Niederösterreich bestattet. Allerdings hat man bei der Beisetzungszeremonie den Standesunterschied dadurch augenfällig gemacht, dass der Sarg der Gräfin bei der Aufbahrung tiefer gestellt war als der ihres Ehemanns.

Das erzherzoglich-fürstliche Paar hatte für den Haushalt eine junge Gräfin als Gesellschaftsdame engagiert. Nach dem Attentat machte sie sich auf, um nach Hause zu fahren. Auf dieser Reise begegnete sie einer ihrer Cousinen. Die Base war ganz ungewöhnlich neugierig, welche Erfahrungen ihre Cousine denn bei den FFs gemacht habe. Die gräfliche Gesellschaftsdame:

Wie's bei denen war, willst du wissen? Ich hab nur einen Gedanken gehabt: heiraten oder sterben! Dass es noch eine dritte Möglichkeit gibt, hab ich gar nicht einkalkuliert.

***

Kriegserklärungen werden
von Montag bis Freitag entgegengenommen.
Karikatur von Emile Verdeau

Der Weltkrieg begann. Im Herbst 1914 trudelten laufend Kriegserklärungen ein, insgesamt dreißig an der Zahl. Am Tor des Außenministeriums am Ballhausplatz befestigte ein Witzbold eine Tafel, auf der zu lesen stand:

> Kriegserklärungen werden im k.u.k. Ministerium des kaiserlichen Hofes und
> des Äußeren Montag bis Freitag von 8–10 Uhr entgegengenommen.
> gez. Berchtold, Außenminister

Am achtzehnten August zelebrierte die Armee den Geburtstag ihres obersten Kriegsherrn. Nach der Feldmesse wurden die Hymnen der vier Verbündeten gespielt: Gott erhalte, Heil dir im Siegeskranz, die bulgarische Hymne Schumi Maritza und die türkische Hymne. In die letzten Klänge der Musik hinein sagte der Kriegsminister Feldzeugmeister Krobatin zu seinem Nachbarn:

Wenns bei unsern Gegnern alle Hymnen spielen wollten, würdens in einer Stund net fertig.

Der Feldzug wird rasch zu Ende sein, längstens bis Weihnachten ist der Feind geschlagen und das siegreiche Heer zieht wieder in die Heimat. Das war die allgemeine Ansicht. Im ersten Kriegswinter stand es an der Ostfront aber gar nicht gut. 189.000 Offiziere und Soldaten waren gefallen, an die 278.000 gefangen oder vermisst. Die Zitadelle Przemysl war in feindlicher Hand. Des Kaisers Truppen steckten in den Karpaten im Schnee fest. Was war zu tun?

Der Vorstand der k.u.k. Militärkanzlei, General Bolfras, schlug vor, der Kaiser in eigener Person möge die Truppen an der Front besuchen und ihnen durch seine allerhöchste Anwesenheit neuen Kampfgeist einflößen. Franz Joseph stand im fünfundachtzigsten Lebensjahr, er war allmählich müde geworden. Skeptisch meinte er:

Glaubens wirklich, Bolfras, dass so was nützen tät? Wo stehen denn die Russen eigentlich?

Auf die betretene Auskunft, die Heere des Zaren seien im Begriff, in die ungarische Tiefebene hinabzusteigen, sagte der greise Monarch mit einem Anflug von Galgenhumor:

Na, sehns, so weit sind die schon. Wart ma noch ein bissl. Dann können wir mit der Elektrischen zur Frontbesichtigung fahren.

Ein General der Infanterie besichtigte das Militärgeographische Institut. Unter anderem wurde ihm ein neuer Globus gezeigt. Der hohe Herr gab sich außerordentlich interessiert.

Aha, meinte er, das ist also die ganze Welt. Wo ist denn da unsere österreichisch-ungarische Monarchie drauf?

Der Dienst habende Offizier, Hauptmann Ginzkey, beflissen:

Hier, Exzellenz. Hier, dieses ganz kleine Fleckerl.

Und das Deutsche Reich?

Hier, gleich daneben, dieses andere kleine Fleckerl.

Soso, und was ist das, wo so viel grün ist?

Das ist Russland.

Und das rosa Angestrichene, das da überall zu erkennen ist?

Diese Farbe bezeichnet die britischen Besitzungen.

Teufel, Teufel, murmelte der General. Glaubens, dass das unser Kaiser auch weiß?

Indivisibiliter ac Inseparabiliter, unzertrennlich und unteilbar – so lautete seit dem halbherzigen Ausgleich mit Ungarn die Devise der Monarchie.

In den allerersten Kriegstagen ging der kleine Kreuzer *Zenta* in einem Gefecht mit überlegenen französischen Streitkräften in der Adria kämpfend unter. Im Kriegspressequartier in Wien verfertigte man einen Artikel über diese Heldentat. Darin wurde blumig geschildert, wie ein k.u.k. Matrose mit dem Ruf »Es lebe Österreich!« das sinkende Schiff verlässt.

Ausgezeichnet, lobte der Chef des Pressequartiers. Aber der Matrose kann nicht rufen »Es lebe Österreich«, weil sonst hamma die Ungarn am Hals.

Herr Oberst, erwiderte der Artikelschreiber, der Matrose kann doch nicht rufen: Es leben die im Reichsrat vertretenen Königreiche und Länder?

Natürlich nicht, antwortete der Kommandant. Kurz muss es sein. Kurz und militärisch! Höchstens drei Worte!

Ich habs, Herr Oberst, schlug nach kurzem Nachdenken der Verfasser vor. Lassen wir den Matrosen rufen: Indivisibiliter ac Inseparabiliter!

***

Unzertrennlich und unteilbar.
Das gemeinsame Wappen der Doppelmonarchie,
entworfen von Hugo Gerhard Ströhl

Der Oberbefehlshaber der k.u.k. Armee, Feldmarschall Erzherzog Friedrich, Enkel des Siegers von Aspern, Ehrendoktor der Philosophie, feiert sein sechzigstes Wiegenfest. Bei der Beantwortung der an ihn gerichteten Glückwunschadressen begab es sich, dass seine Durchlaucht die Rede in dem feierlichen Anlass entsprechenden Tonfall mit erhobener Stimme ablesend folgendermaßen schloss:

Seine Majestät unser oberster Kriegsherr lebe hoch, hoch – das letzte Blatt des Manuskripts umblätternd: Hoch!

Erzherzog Friedrich lässt sich von einem deutschen U-Boot-Kommandanten im Mittelmeer dessen Erlebnisse an der nordafrikanischen Küste erzählen. Das U-Boot hatte unter anderem Waffen an die gegen die Italiener kämpfenden Eingeborenen zu überbringen gehabt. Bewegt schilderte der Kapitänleutnant, mit welchen Schwierigkeiten das Unternehmen verbunden gewesen war. Zuletzt fragte der Erzherzog:

Und wer hat Ihnen am meisten Arbeit gekostet?

Darauf der U-Boot-Kommandant:

Die Senussi, kaiserliche Hoheit.

Der Erzherzog nickte verständnisvoll:

Verstehe! Immer diese Weiber!

***

Am Sitz des Armeekommandos in Teschen wurde Offizieren ein Film vorgeführt, in dem die Wirkungsweise der sündteuren neuen 35-cm-Mörser der Firma Skoda zu sehen war. Erzherzog Friedrich wollte zeigen, dass er so etwas schon oft miterlebt hatte. Und so rief seine kaiserliche Hoheit bei jedem Einschlag ein lautes Bumsti! in den dunklen Saal. Die Offiziere schwiegen betreten. Alsbald aber trug der Erzherzog allüberall hinter vorgehaltener Hand den Spitznamen Erzherzog Bumsti. Und so hat ihn Karl Kraus in seiner Tragödie *Die letzten Tage der Menschheit* verewigt.

Erzherzogin Maria Josefa, die Mutter des zukünftigen Kaisers Karl, besuchte die armen Verwundeten in einem Reservelazarett. Tröstend schritt sie von Bett zu Bett:

Wo sind Sie denn verwundet worden, fragte sie einen auf dem Bauch liegenden Kaiserjäger.

Am Oasch, erwiderte der biedere Krieger.

Die Erzherzogin hob irritiert den Blick.

Das, kaiserliche Hoheit, beeilte sich der begleitende Militärarzt geistesgegenwärtig zu erklären, ist ein kleiner Grenzfluss in Galizien.

GEKOCHT WIRD GEMEINSAM

Nachdem Franz Joseph sich hartnäckig geweigert hatte, Teile Tirols an Italien abzutreten, wechselte der ehemalige Verbündete das Lager und trat an der Seite der Alliierten in den Krieg ein. Friedrich Funder, Chefredakteur der christlichsozialen *Reichspost*, berichtete:

Seine Majestät hat geäußert, bevor er den Italienern Südtirol schenkt, geht er mit seinen vierundachtzig Jahren noch selber in den Schützengraben.

In aller Eile wurde die neue Front im Süden durch Tiroler Standschützen gesichert. Ein General inspizierte einen kunstvoll in den Fels gebauten Unterstand. Plötzlich brach ein Feuergefecht aus. Sofort ließ er sich mit der vordersten Stellung verbinden. Ohne Namen und Rang zu sagen, brüllte er ins Feldtelefon:

Warum wird da vorne geschossern?

Worauf er in schönstem Tirolerisch die Antwort erhielt:

Weil Krieg ischt, du Tepp!

***

Im Verlauf des Feldzugs gegen Italien inspizierte der Graf Beroldingen eines der Bosniaken-Regimenter. Als er die Kaserne betrat, schlug ihm ein geradezu infernalischer Gestank entgegen. Nach kurzer Suche entdeckte ein Ordonnanzoffizier im Tornister eines der Bosnier einen sonderbaren Kranz. Auf einem Draht waren nicht weniger als zweiunddreißig menschliche Ohren aufgefädelt. Auf die entgeisterte Frage des Brigadiers, was denn das bedeuten solle, antwortete der mohammedanische Serbe treuherzig:

Molim vas, wenn ich erzähl, ich hab zweiunddreißig Katzelmacher getetet, niemand wird glauben. Wenn ich zeige Ohrwaschl italienisches, jeder weiß, was los is.

Mohammedaner hatten Anrecht auf Berücksichtigung ihrer religiösen Diätvorschriften: kein Schweinefleisch, kein Alkohol und so weiter. Bei der Inspizierung eines bosnisch-herzegowinischen Infanterieregiments fand Erzherzog Friedrich dementsprechend in der Mannschaftsküche zwei Menagetafeln: eine für Mohammedaner und eine für Christen. Interessiert erkundigte er sich:

Und wo wird für die Mohammedaner gekocht?

Darauf der Küchenbulle:

Kaiserliche Hoheit, melde gehorsamst: Gekocht wird gemeinsam. Aber es wird streng nach Religion eingekauft, verteilt und gegessen!

WECKEN SIE MICH
WIE GEWÖHNLICH

In diesem furchtbarsten aller bisherigen Kriege schien der greise Kaiser dem Bewusstsein der Öffentlichkeit entrückt. Gab es ihn denn noch? Es gab ihn noch immer. Tief gebeugt saß er von früh bis abends an seinem Schreibtisch über den Akten.

Der Kaiser, munkelte man in Wien, ist gestorben. Aber man traut sich nicht, es ihm zu sagen. Er könnte erschrecken.

Bis zuletzt saß der Sechsundachtzigjährige am Schreibtisch, unterschrieb Akten, bis ihm die Feder aus der Hand fiel. Am Abend musste er zu Bett gebracht werden. Er sträubte sich eine Weile, dann fügte er sich.

Haben Eure Majestät noch Befehle? fragte der Leibkammerdiener Ketterl. Und der Kaiser befiehlt mit fester Stimme:

Ich bin mit meiner Arbeit nicht fertig geworden. Morgen um vier Uhr wecken Sie mich wie gewöhnlich.

Es sind seine letzten Worte.

Mit dem Tod des apostolischen Kaisers von Österreich und gekrönten Königs von Ungarn ist eine ganze Weltordung zu Ende gegangen. Der Obersthofmeister Fürst Montenuovo kommentierte das Ableben des Monarchen mit den weitsichtigen Worten:

*Der Kaiser ist gestorben,
aber man traut sich nicht, es ihm zu sagen.
Kronenzeitung vom 22. November 1916*

Seine Majestät hat uns entweder zwanzig Jahre zu spät oder aber zehn Jahre zu früh verlassen.

Im ganzen Land fanden Trauergottesdienste statt. So auch in einer Synagoge weit im Osten der Monarchie. Der Rabbiner hielt die Gedenkrede.

Andächtige Trauergemeinde, sprach er, während wir hier in unserem Schmerz versammelt sind, ist im Wiener Stephansdom eine Trauergemeinde versammelt, die kaiserliche Familie, die Erzherzöge und Erzherzoginnen, die Spitzen der Geistlichkeit, die Angehörigen des Hochadels, die hohe Generalität, und ihnen allen entringt sich der Schmerzensschrei Uwerochumin adonai!

WIE LANGE DAUERTE DER DREISSIGJÄHRIGE KRIEG?

Franz Josephs Großneffe Karl bestieg den verwaisten Habsburgerthron, jung, unerfahren, aber voll guten Willens. Immer noch herrschte Krieg. An den Schreibtischen im Kriegspressequartier saßen Robert Musil, Alfred Polgar, Franz Werfel und andere Dichter. Sie hatten den Auftrag, Aussprüche und Parolen zu finden, die Kaiser Karl, der frischgebackene Monarch, bei offiziellen Anlässen von sich gegeben haben könnte. Freunde und Kollegen im Kaffeehaus mühten sich redlich, ihnen Anregungen zu geben. Manche benützte man, eine allerdings nie. Sie stammt von Anton Kuh und lautet:

In meinem Reich geht die Sonne nie auf!

***

Die Monarchie war längst untergegangen, da vergnügten sich im Literatencafé Herrenhof in der Wiener Wallnerstraße Stammgäste in den Diskussionspausen mit einem mehr oder minder geistreichen Spiel namens *Der Erzherzog wird geprüft*. Das ging so:

Ein Partner übernahm die Rolle eines prüfenden Geschichtsprofessors und musste sich für den hochgeborenen Prüfling eine so leichte Frage ausdenken, dass sie selbst von einem geistig zurückgebliebenen Kleinkind unmöglich falsch beantwortet werden konnte. Der Prüfling stand sodann vor der schwierigen Aufgabe, dennoch eine falsche Antwort zu geben. Und der Professor vor der noch schwierigeren, die Antwort nicht nur anzuerkennen, sondern auch zu begründen, warum sie es war. Gelang ihm das nicht, hatte er verloren. Ein Beispiel:

Kaiserliche Hoheit, wie lange dauerte der dreißigjährige Krieg?

Sieben Jahre.

Richtig. Es wurde ja bei Nacht nicht gekämpft, womit bereits mehr als die Hälfte der Kriegszeit wegfällt. Auch an Sonn- und Feiertagen herrschte bekanntlich Waffenruhe, was abermals eine ansehnliche Summe ergibt. Und wenn wir jetzt noch die historisch belegten Unterbrechungen und Verhandlungspausen einrechnen, gelangen wir zu einer faktischen Kriegsdauer von genau sieben Jahren. Ich gratuliere!

Eine vom prüfenden Professor verlorene Runde begann mit der Frage:

Wie heißt unser Kaiser Franz Joseph?

Die ebenso prompte wie rätselhafte Antwort: Quarz! begrüßte der Professor noch mit dem vorgesehenen »Richtig«, konnte aber ihre Richtigkeit nicht mehr beweisen. Der Erzherzog hatte gewonnen.

LITERATUR

Heinrich Benedikt, Damals im alten Österreich. Wien–München 1979

Jean de Bourgoing (Hg), Briefe Kaiser Franz Josephs an Frau Katharina Schratt. Wien 1949

Hans Commenda, Gschichten aus Österreich. Anekdoten, gesammelt und nacherzählt. Jena 1939

Christian Dickinger, Ha-Ha-Habsburg. Wien 2001

Peter Diem, Die Symbole Österreichs. Wien 1995

Stefan Dietrich, Maos Atem, Rossinis Tränen und 999 andere unwichtige Tatsachen der Welt- und Kulturgeschichte. Zürich 2003

Roland W. Fink-Henseler (Hg), Deutscher Anekdotenschatz. Bayreuth 1983

Friedrich Funder, Vom Gestern ins Heute. Wien 1971

Sigrid-Maria Größing, Kronprinz Rudolf. Freigeist, Herzensbrecher, Psychopath. Wien 2000

Brigitte Hamann (Hg), Die Habsburger. Ein biographisches Lexikon. Wien 1988

Gottfried Heindl, Leg mich zu Füßen Majestät. Wien 1985

Gottfried Heindl, Und die Größe ist gefährlich. Wien 1969

Eduard Heller, Kaiser Franz Joseph I. Ein Charakterbild. Wien 1934

Franz Herre, Kaiser Franz Joseph von Österreich. Köln 1978

Peter Hofbauer, Insel der Fröhlichen. Wien 1989

Mirko Jelusich, Geschichten aus dem Wienerwald. Wien 1937

Karl Kraus, Die letzten Tage der Menschheit. Wien 1919

Eugen Ketterl, Der alte Kaiser. Wien 1980 (Nachdruck von 1929)

Maria Lang-Reitstätter, Lachendes Österreich. Salzburg 1948

Albert Margutti, Kaiser Franz Joseph. Persönliche Erinnerungen. Wien-Leipzig 1924

Georg Markus, Es hat uns sehr gefreut. Wien-München 1996

Georg Markus, Schlag nach bei Markus. Wien 2011

Heinrich Neumayer/Alexander Witeschnik, Der Zeit ihre Kunst, der Kunst ihre Freiheit, Wien–Berlin 1975

Hubert Pointinger, Die Salzprinzessin. Die geheime Geliebte Kaiser Franz Josephs. Wien 2007

Gabriele Praschl-Bichler, Gott gebe, dass das Glück andauere. Liebesgeschichten und Heiratssachen im Hause Habsburg. Wien–München 1997

Nikolaus von Preradovich, K. u. k. Anekdoten. Wien-München 1975

Heinz Rieder, Franz Joseph Anekdoten. Graz 1979

Joseph Roth, Radetzkymarsch. Köln 1932

Joseph Schneider (Hg), Kaiser Franz Joseph und sein Hof. Wien 1919

Gaby von Schönthan/Joseph Grumbach-Palme, Konditorei Zauner. Ischl 1982

Georg Schreiber, Die Hofburg und ihre Bewohner. Wien 1993

Hermann Schreiber, Wanderer kommst du nach Wien. Freiburg–Basel–Wien 1980

Robert Seydel, Die Seitensprünge der Habsburger. Liebesrausch und Bettgeflüster einer Dynastie. Wien 2005

Hans Simkowsky, Ischler Geschichten. Anekdoten und amüsante Histörchen aus dem Kurort an der Traun. Wien 1946

Wilhelm Spohr, Die Narrenschaukel. Berlin o. J.

Wilhelm Spohr, Garten des Vergnügens. Berlin o. J.

Chris Stadtlaender, Habsburg intim. Wien 1998

Eduard Steinitz (Hg), Erinnerungen an Franz Joseph I. Berlin 1931

Gerhard Tötschinger, Sammelsurium Austriacum. Was Sie über Österreich wirklich nicht wissen müssen. Wien 2005

Friedrich Torberg, Die Tante Jolesch oder Der Untergang des Abendlandes in Anekdoten. München 1975

Johannes Twaroch, Das österreichische Kuriositäten-Kabinett. Ein ABC des nutzlosen Wissens. Wien 2007

Johannes Twaroch, Österreichischer Anekdotenschatz. Von Altenberg bis Zilk. Berndorf 2015

Johannes Twaroch, Zum Glück gibt's Österreich. Treffendes vom Barock bis zur Jahrtausendwende. Wien 2004

Friedrich Wallisch, Es hat mich sehr gefreut. Geschichte und Geschichten um Kaiser Franz Joseph. Graz 1967

Erik G. Wickenburg, Barock und Kaiserschmarrn. München 1968

PERSONENREGISTER

Albrecht, Erzherzog 56, 64
Alexander, König 81
Alt Rudolf von 128
Andrássy Gyula 33
Angeli Heinrich 129
Attila, Hunnenkönig 42
Auersperg Adolf 75
Auffenberg Moritz 134
Badeni Kasimir 66
Barbarossa Friedrich 118
Beck-Rzikowsky Friedrich 35, 88
Beck Max Wladimir 79, 133
Berchtold Leopold 78f.
Beroldingen Sigismund 158
Bismarck Otto 71
Bolfras Arthur 112, 151f.
Bombelles Heinrich 15
Bombelles Karl 19
Bratfisch Josef 103
Brugsch Heinrich 118
Bylandt-Rheidt Artur 71
Caspar Mizzi 50
Chotek Sophie 149
Clary Manfred 76
Czernin Ottokar 79, 139
Deneuve Catharine 105
Dondorf, General 138
Dubsky Franz 119f.
Ebner-Eschenbach Marie von 119
Edelbacher Max 106
Edward VII., König 143
Elisabeth, Kaiserin 24, 29ff., 40, 85, 98, 147
Eugen, Erzherzog 67f.
Faifalik Fanny 32
Falke-Lilienstein Johann 95
Farkas Karl 105
Ferdinand, Kaiser 11ff., 94
Ferdinand, Zar 68, 94, 141
Festetics Marie 36
Franz, Kaiser 18
Franz Ferdinand, Erzherzog 50, 67, 72, 135ff., 148f.
Franz Karl, Erzherzog 83ff.
Franz Salvator, Erzherzog 1
Franzos Karl Emil 49
Friedrich, Erzherzog 155f., 158
Funder Friedrich 157
Galgotzy Anton 53ff.
Garibaldi Giuseppe 138
Ginzkey Franz 152
Girardi Alexander 94, 100ff.
Gisela, Erzherzogin 39

Goethe Johann Wolfgang 131
Goluchowski Agenor
    79, 132, 140
Goltz Alexander Demetrius 138
Gondrecourt Leopold 26
Grillparzer Franz 22
Gussenbauer Karl 116
Gustav Adolf, König 50
Herzmanovsky-Orlando Fritz
    9
Hinterstoisser Bartl 88
Hörbiger Paul 105
Hohenfels Stella 130
Hornung, Kammerdiener 37
Hoyos Josef 103
Hurrm, Seeoffizier 72
Huyn Ludwig 113
Jellacic Josef 22
Johann Salvator, Erzherzog 68
Jokai Maurus 47
Karl, Kaiser 162
Karl Ludwig, Erzherzog
    135f., 139
Kaunitz Anton 63
Kerzl Josef 123f.
Ketterl Eugen
    110, 124, 132, 144
Kielmannsegg Erich 52
Kinsky Ferdinand 79
Kisch Egon Erwin 43f.

Kiss Anton 94
Kiss Nikolaus 94
Klimt Gustav 128
König Otto 128
Kokoschka Oskar 137
Kossuth Lajos 21f., 65
Kraus Karl 156
Kreisky Bruno 75
Kreisler Fritz 105
Krobatin Alexander 151
Kuh Anton 152
Kutschera Viktor 94
Lanyi Joseph 148
Lehár Franz 60
Leopold, Prinz 35
Leopold I., König 106
Leopold II., König 106
Leopold Salvator, Erzherzog 56
Libeny Janos 23
Lincoln Abraham 105
Lobkowitz Zdenko 40
Lorenz Adolf 116
Louise, Prinzessin 106
Ludwig XIV., König 7
Ludwig Viktor, Erzherzog 136
Maria Josepha, Erzherzogin
    156
Maria Theresia, Kaiserin
    52, 137
Mason James 105

Mattachich Geza 106
Max, Herzog 30, 85
Maxim Hiram 71
Meinrad Josef 105
Mell Max 45, 138
Metternich Klemens Wenzel 21
Metternich Pauline 121
Milan, König 81
Miller Viktor 113
Mitterwurzer Friedrich 94
Montenuovo Alfred 130, 147, 159
Musil Robert 9, 162
Navratil, Leibfriseur 57
Nestroy Johann 111
Neuwirth Josef 75
Nopcsa Franz 35
Paar Eduard 78, 134
Pernersdorfer Engelbert 133
Philipp, Prinz 103, 106
Pius IX., Papst 31
Plecnik Josef 137
Polgar Alfred 162
Porsche Ferdinand 144
Pus Leopoldine 49
Rabenhorst Dragoni 112
Radetzky Johann Wenzel 21f.
Rákóczi Franz 41
Rauscher Josef Othmar 24, 81

Rokitansky Karl 116
Roosevelt Theodor 145
Rudolf, Erzherzog 26f., 46ff., 89, 103ff.
Schödl Max 46
Schönerer Georg 82
Schratt Katharina 91ff., 100, 102, 110, 119, 126
Schulz Paul 75, 93
Schwarzenberg Karl 105
Seitz Karl 125
Shakespeare William 91
Sharif Omar 105
Sickel Theodor 115
Singer Mendel 83
Skoda Josef 116, 124
Sophie, Erzherzogin 17ff., 20, 83
Sonnenthal Adolf 130
Sophokles 26
Stephanie, Kronprinzessin 36, 50
Straus Oscar 90
Sturmfeder Louise 20
Szakáll Szőke 58
Taaffe Eduard 52, 75, 78f., 82, 145
Teck Mary 32
Tegetthoff Wilhelm 117
Tisza Koloman 39

Unger Josef 73f.
Valerie, Erzherzogin
    90, 126, 131
Vetsera Mary 103ff.
Ville de Quiney, Marquis 29
Wagner Otto 130, 137
Weisshaupt, Kaufmann 83
Wekerle Alexander 42
Werfel Franz 162
Wilczek Hans 94
Wild, Theaterdirektor 90

Wilbrandt Adolf 93
Wilczek Hans 94
Wilhelm II., Kaiser 50, 71
Windischgrätz Alfred 22
Winkelsberger, Hofrat 120
Wolter Charlotte 130f.
Zauner Karl 97
Zichy Franz 72
Zita, Kaiserin 99
Zsigmondy Adolf 29

PRESSESTIMMEN

Eine Fundgrube für witzige Weisheiten, von einem ebenso belesenen wie gut gelaunten Kenner pointiert zu Papier gebracht.

Dietmar Grieser

Der Autor wechselt geschickt und unauffällig die thematische Schiene, sodass immer wieder frisches, Neugier erregendes Terrain ergründet wird.

Literarisches Leben

Alle Stilerfordernisse der Anekdote, Präzision und plastische Prägnanz des Ausdrucks sind hier souverän erfüllt.

Die Furche

Johannes Twaroch bringt das Kunststück zusammen, dass sich die Texte über lange Strecken ohne Ermüdungserscheinungen genießen lassen.

Gottfried Pixner

Anekdotensammlungen gibts viele. Die hier aufgespießten sind nicht nur spaßig, sondern großteils neu oder gut erfunden.

Publicum

In dem kurzweiligen Buch, das ein wahres Lesevergnügen bereitet, packt der Vielwisser Twaroch seine Schätze aus, eilt von einer Pointe zur nächsten, hetzt den Genießer von einer Delikatesse zur nächsten.

Alfred Warnes

Die hohe Kunst der unterhaltsamen Konversation wird in dieser Anthologie auf vergnügliche wie leicht zu lesende Weise gepflegt.

Bibliotheks Nachrichten

Das Buch ist eine wahre Schatzkiste, nicht nur zur eigenen Unterhaltung, sondern auch als Fundgrube für Ansprachen, die man mit passenden Zitaten würzen will, oder für die Auflockerung langweiliger Empfänge.

Der literarische Zaunkönig

Johannes Twaroch
ANEKDOTENSCHATZ
LAUTER LITERATEN
*Österreichische
Schriftsteller von A bis Z*
ISBN: 978-3-99024-373-2
Format: ca. 17 x 23 cm
Seiten: 240
Preis: € 24,90

Johannes Twaroch hat für uns wieder in seine Schatzkiste gegriffen und sich diesmal mit spitzer Feder historischen, witzigen, skurrilen und bemerkenswerten Anekdoten von und Erzählungen über Österreichs Literaten gewidmet.
Ein weiteres Buch von Johannes Twaroch, das zum Schmunzeln und laut Loslachen animiert und das man kaum aus der Hand legen möchte.

Johannes Twaroch ist ein Wiederholungstäter, wohl geübt in der Kunst, sich einem Thema mit beiläufiger Zerstreutheit zu nähern, um es letztlich oder so zwischendurch verblüffend präzise auf den Punkt zu bringen.

Alfred Komarek

Johannes Twaroch
ÖSTERREICHISCHER ANEKDOTENSCHATZ
Von Altenberg bis Zilk

ISBN: 978-3-99024-280-3
Format: ca. 17 x 23 cm
Seiten: 256
Preis: € 24,90

Österreich ist eine Brutstätte für Originale, Käuze und sonstige witzige Persönlichkeiten, aber auch so manch Großer in unserer Geschichte hat das eine oder andere »Hoppala« erlebt, das uns heute noch zum Schmunzeln, ja zum Lachen bringt. Johannes Twaroch, lange Jahre Journalist und Literaturchef von Radio NÖ, der wahrscheinlich Genaueste und Beste, wenn auch nicht der Berühmteste seiner Zunft, legt hier eine beeindruckende Anekdotensammlung vor.

Ein Buch, mit dem Sie sich genüsslich zum Schmökern zurückziehen können. Das sie aber ihren Freunden nicht vorenthalten sollten. Auch zum Protzen am Stammtisch geeignet.

Buchreport